SENSE OF MIRACLES!

鹿島 晃　Akira Kashima

直観ミラクル!

ハート出版

はじめに

この本を手に取っていただき、ありがとうございます。

僕は、2020年10月、新型コロナにより、23年間勤めていたアメリカの航空会社から突然、一方的に解雇されました。とてもショックでした。しかし「負けてたまるか」という思いで、気持ちを切り替え、今回ご紹介する「直観ミラクル」を使って行動し始めました。

すると、それから6カ月くらいのあいだに、動画サイトYouTube《ユーチューブ》番組の収益化、動画アプリTikTok《ティックトック》でのプチバズり（バズる＝話題になること）、賃貸物件不動産2軒目の購入、そしてこの本の出版決定など、信じられないような結果が、どんどん引き寄せられてきたのです。その流れは今でも止まりません。

この **「直観ミラクル」** を使って、みんなにも開運して幸せになってほしい！

そんな想《おも》いで、この本を書きました。ぜひ本書を読んで、誰もができる直観ミラクルを使い、自分らしい開運人生が見つかることを祈っています。

ここで、少し自己紹介をさせてください。

僕は、1969年に大阪に生まれました。子供のころから、自分はゲイであることを知っていたし、スチュワーデスになりたいという夢を、ずっと持ちながら行動するような子供でした。そして、大学在学中に、交換留学生としてアメリカの大学に1年間留学した後、日本の航空会社に総合職で入社し、大阪・伊丹空港で4年間働きます。

その後、外資系の航空会社に転職しようと考え、求人広告を見ていたら、偶然にも、大好きだったアメリカの航空会社が客室乗務員の採用募集をしていたのです。そこですぐに行動を起こしたところ、ラッキーなことに合格して、子供のころからの夢だったスチュワーデス（客室乗務員）になりました。

客室乗務員の仕事が落ち着いてくると、アメリカでは副業することが当たり前なこともあって、僕も何かしようと考え、よくボランティアでしていた司会や通訳の仕事を始めます。そして、それが霊能者の道へと続くのです。

もともと、霊能者になったきっかけは、大好きなおばあちゃんにヒーリングをしてあげたいという気持ちからでした。そうしてヒーリングを続けていると、どんどんエネルギーに敏感になり、いろいろなメッセージをキャッチできるようになりました。そんなことが面白くて、本格的に霊性開花の学校に行くようになったのです。

その学校のイベントで、イギリス人の霊能者が日本に来ることがあり、そうした時の通訳として、僕も一緒に旅行したりしていました。そんなある日、ひとりのイギリス人霊能者が、僕にこう言いました。

「僕の守護霊が、アキラも僕のように、霊能者になるって言っている」

当時は、そうなるといいねえ、なんて話していましたが、その2カ月後に偶然が重なり、インドにあるアガスティアの葉という、自分の人生がどうなるか書かれている葉っぱを探しに行くことになるのです。葉っぱも無事に見つかり、1週間ほど、お参りや大規模な儀式に参加している時も、宇宙規模のエネルギーが自分のために変化しているのが分かるなど、「すごいことになってる!」という体験をしました。

しかし、日本に帰ってきたら、また普通の感覚に戻ってしまい、しばらく落胆していましたが、それから2カ月くらいした時、ある人がメッセージでこう伝えてくれました。

「生まれる前に約束した、『霊能力を使ってみんなを助ける』ということを、そろそろ始めなさい」

それから少しして、自分には霊能力がある、ということに、初めて気づいたのです。それまでは、確かに見えてはいたけれど、自分にはそんな力などあるはずがないと信じ、無視していた感じなのです。それが、自分の「能力」を受け入れることができてからは、過去世や未来、人の想いやトラウマなどが、どんどん分かるようになりました。

そこで、自分の能力をブラッシュアップさせるために、イギリスにある、ハリーポッターの世界のような霊性開花の学校で1週間勉強した後、東京でスピリチュアル・サロンを開くことになるのです。特に広告などはしませんでしたが、口コミで広がり、一緒にイベントをしてくれる仲間もできて、これまで1000人以上のカウンセリングをするまでになりました。

人が進むべき道に行くと直観ミラクルが起こり、どんどん驚くような結果が生まれてきます。僕の場合も、本を出版したり、ラジオ番組に出演したり、人との出会いからたくさんのイベントを主催したり、直観ミラクルが起こりまくった結果、今の僕ができあがっているのです。

そんな僕が、単にラッキーだったということではなく、直観ミラクルを、どう上手《じょうず》に使ってきたかということを、この本を通して、皆さんに分かっていただけたら嬉しいと思っています。

さあ、それでは始めていきましょう。

まずは、よく耳にする「直感」という言葉。

私たちは、知らないあいだに、この「直感」という言葉をよく使っています。

直感でヒントを得て、大ヒット商品を開発した
直感を信じて動いてみたら、よい方向に進んだ
直感でこの人と結婚すると思ったら、本当に人生の伴侶になった

このように、私たちは直感という言葉をよく使いますが、「この直感を自分の言葉で説明できますか？」と聞かれたら、けっこう難しく感じると思います。なぜなら、多くの人が、この直感を、感覚的に理解しているからです。

そして、多くの人は、直感について誤解もしているのです。

例えば、直感に対してこんなイメージを持っていませんか？

＊欲しい時に得られない
＊特別な人だけが使えるもので、自分には使えない
＊直感に従って動いてみたけど、何も変わらなかった
＊直感には何の意味もなく、単にタイミングが合っただけ

これらのイメージは、僕から見たら、全て間違っています。

「ちょっかん」には、直感と直観の2種類の字があります。私たちがよく想像するのは、直感の方だと思いますが、今回ご紹介したいのは、**直観**です。この直観を意識して使えるようになれば、先に挙げたイメージは、全てこのように変わってくるのです。

＊欲しい時にヒントを得られる
＊意識して練習すれば、誰でも使える
＊直観に従って動いてみたら、自信が持てるようになった
＊直観により、自分の人生の目的や意味が理解できるようになった

この本を手にしてくださった方は、自分の人生の壁にぶち当たっていたり、本当の自分らしい生き方を探しているのに、その方法が分からなかったりという人が多いと思います。

人生というのは、魂の学びの場だと、よく言われます。魂は、楽しいこともつらいことも含めて、いろいろな経験をするために生まれてきているので、生きていると、問題や壁によくぶち当たります。そして、「こんな時はどうすればいいのか？」と、私たちは毎日、答えを探しながら生きています。

でも、周りを見ると、そんな壁にぶち当たりながらも、どんどん前に進んでいく人がいませんか。僕は霊能者としてたくさんの人を見てきましたが、ビジネスで成功していたり、自分の

直観ミラクルを手に入れると…

欲しい時にヒントを得られる！

意識して練習すれば、誰でも使える！

直観に従って動くことで、自信が持てる！

人生の目的や生きる意味が理解できる！

思う人生を楽しみながら進んでいたりする人には、共通する点があります。彼らに共通するのは、自分自身から生まれてくる**「直観ミラクル」**を使って、人生の答えを得ているということ。困難なことに出合いながらも上手に前に進んでいく人というのは、自分の直観ミラクルを上手に利用しているのです

先ほども少しお話ししましたが、僕は23年ほど、アメリカの航空会社で客室乗務員として働いていたのですが、コロナが流行ってすぐに、一方的に解雇を言い渡されました。あまりにも突然なことでショックを受け、これからのことを考えると、毎日が不安でたまりませんでした。

そんな時に、悲しんでいるだけではダメだと自分に言い聞かせ、前向きな行動をしようと、直観ミラクルを使いながら、少しずつ行動してみました。そして、直観ミラクルで得たメッセージを活《い》かしながら行動することで、YouTubeを始めてから、

わずか3カ月で収益化できたり、動画アプリで話題になったり、ラジオのゲスト出演、不動産購入の成功、僕にとって2冊目となるこの本の出版など、さまざまな良い流れを引き寄せることができました。

これらはすべて、僕が直観ミラクルを使って行動し始めてから1年も経たないうちに起こっているのです。まさに、ミラクル（奇跡）が起こっているのだと感じる経験でした。

「じゃあ、直観ミラクルってなんや？」と、思われている人も多いでしょう。

直観ミラクルというのは、先ほども述べたように、私たちが普段なにげなく使っている「直感」と呼ばれる感覚に似ていますが、ここで言う「直観」に基づいて行動していると、人生の流れに自然に乗っていくことができるようになります。そうすると、無駄なエネルギーや時間を費やすことなく、自分の人生を良い方向に向かわせることができるようになり、その結果、ミラクル（奇跡）を呼ぶことができるのです。

この直観ミラクルを最大限に使うには、①直観というものがどういうものか理解すること、②直観が起こりやすい状態に自分自身を改善していくこと、という2つのステップが、とても大切になります。この2つのステップを踏むことで、少しずつ自分にとって正しい判断や行動ができるようになり、人生の点と点がつながってくるように、自分の進むべき人生の道が、どんどん見えるようになってくるのです。

「ほんまかいな？」と思った人もいるでしょうね（笑）。

でも実際、僕も自分の人生の中で、この直観ミラクルに大いに助けられてきました。仕事がどうしても嫌になり27歳で転職した時や、ゲイということをカミングアウトするべきかと悩んだ時、自分の霊感を使ってサロンを開き、多くの人にメッセージを送ると決めた時も、この直観ミラクルで進むべき道を示してもらい、大いに助けられてきたのです。

僕が霊能者だからそんなことができるのでしょうと思う人がいるかもしれないですが、そうではないのです。この直観ミラクルの素晴らしいところは、誰もが直観ミラクルを使って人生を改善していくことができる、ということなのです。

実は、霊能者というのは、他人のことはすごくよく分かるのに、自分のことは、自分の気持ちが混ざったりして、すごく分かりにくいのです。だから僕自身も、自分のことを知りたい時は、自分を霊視するのではなく、この直観ミラクルを使って、自分の進むべき道を探してきたのです。

僕のサロンにカウンセリングを受けにこられる方は、自分の進むべき道について悩んでおられる方がほとんどです。もちろん、皆さんが僕から人生のヒントを得るのもいいのですが、この直観ミラクルを練習すれば、たいていの悩みは、自分自身で解決できるのです。

２０２０年12月から、占星術では「風の時代」という新しい時代が始まりました。これは、今までの、権力や地位などに人やお金が集まるという「土の時代」が終わり、個人や自由、そして流動的に人やお金が動くという時代が始まったのです。

この「風の時代」に上手に乗っていくには、今までのように会社や大きな組織に依存するという生き方ではなく、自分らしく自由に生きる選択をするという生き方が、求められるようになってきます。そして、自分らしく自由に生きる人生の選択をする時に役立つのが、まさに直観ミラクルなのです。

もうひとつ、直観ミラクルの素晴らしい点として、自分の進むべき道が見えてくると、自分の中に**根拠のない自信**という、素晴らしいパワーが生まれてきます。これは、直観ミラクルに慣れてくると、今やっていることは自分に必要なことだということが、しっかり感じられるようになってくるということです。そこから、自信が湧いてくるわけです。ほんと、直観ミラクルを使うと、よいことばかりが引き寄せられてくるのです。

こんな直観ミラクルを、自分も使えるようになりたいと思いませんか？

そんな方のために、これから直観ミラクルについて、具体例もご紹介しながら、分かりやすく説明していきます。直観ミラクルは、何か特別な能力というものではなく、使い方をきちんと理解した上で意識して練習すれば、誰でも使えるようになります。

「私には無理」と考えてしまうと、直観ミラクルが起こりにくくなってしまうので、「自分にもできるといいな！」というような、ワクワクした気持ちでやってみてほしいと思います。

直観ミラクルが、皆さんの人生の道しるべとなり、生活の中にワクワクな気持ちが増えることを願っています。


さあ、それでは直観ミラクルを使って、新しい人生の扉を開きましょう！

SENSE OF MIRACLES!

もくじ

第3章 直観ミラクルに必要な「魂とのつながり」／091

SENSE OF MIRACLES!

第1章

人生の迷いが解決される直観ミラクル！

直観と直感の違いとは？

Sense of Miracles !

まず初めに、直観とはどういうものなのか、あらためてスピリチュアル的に説明したいと思います。直感と直観は、多くの人によって説明されていますが、スピリチュアル的に見ると、少し考え方や説明が違ってきます。その違いがよく理解できれば、必要なエネルギーにつながることができるようになり、どんどん普段の生活に、やってきたメッセージを取り入れることができるようになります。

私たちがよく耳にする直感（直観とは似ているが性質が少し違う）というものは、ひらめきや勘と言われるもので、何かの情報が頭の中によぎったりして、そこから自分にとって必要なヒントを得たりします。この直感に敏感に反応できる人は、直感から得られる、仕事や生活への新しいアイデアなどを、上手に生活に取り入れて使っています。

霊能者の僕から見ていると、この直感というのは、**自分以外のエネルギーをキャッチした時に得たメッセージ**です。その「自分以外の」エネルギーとは、守護霊や亡くなった人の霊から来ているエネルギーや、生きている人の考えや想いのエネルギーなどのことを言います。

私たちの周りには、さまざまなスピリチュアル的なエネルギーが存在していて、私たちは常に、そのエネルギーをキャッチしているのです。では、これらのスピリチュアル・エネルギーがどんなもので、そこから送られてくるエネルギーがそれぞれ、どのように違うのかを、詳しく説明しましょう。

守護霊とは、私たちがこの世に生まれてから死ぬまで、ずっと見守ってくれる霊たちです。私たちは生まれる前に、どんな人生を送るのかという青写真を決めてくるのですが、その時、どんな人生の課題を設定するのか、その人生の課題を経験するために必要な家族や生まれる国など、多くのことを決めて、この世に生まれてきます。その青写真を作る時に、自分と一緒に考えてくれる存在が守護霊で、生まれてから死ぬまで、ずっと見守ってくれ、時には助け船を出してくれる、心強い味方です。

守護霊は、メインとして3名ほどいてくれますが、このメインの守護霊たちは、ほとんどが**自分の前世としての魂**です。こうした魂は、生まれ変わる時にエネルギーを分割して、この世にやってきます。そして、その魂が前世で課題としてやり残してしまったことや、まだ経験していないことをするために、再びこの世に生まれてくるのです。そして、この自分の前世である魂が、守護霊として、生まれてから死ぬまでずっと見守ってくれるわけです。このように守護霊は、とても心強い味方なのです。

こうした守護霊は、スピリチュアル的なエネルギーを使って、いつも私たちにメッセージを送っています。そして、スピリチュアルな世界での交信方法が、電子系統に近いエネルギーであることから、守護霊はよく電化製品を使ってメッセージを送ってきます。

例えば、電球がチカチカしたり、インターネットの検索で偶然に情報を得たりというような方法で、メッセージを送ってきています。ですが、こうしたメッセージは、意識を向けていないと気づきにくいので、普段は、ほとんどの人が、守護霊からのメッセージをキャッチできないで流してしまっています。

ただ、何か真剣に答えを求めていたり、深く悩んでいたりする時は、自分の集中力が高まり、守護霊からのエネルギーと自分がガチっとつながることがあります。この時に、人は、ひらめきや勘という感覚で、メッセージを受け取るのです。

これと同じようなことが、亡くなった親族や友人などの霊とのあいだでも起こります。

例えば、亡くなったおじいちゃんやおばあちゃんなどは、私たちの近くにいて、いつも見守ってくれています。そして、私たちが困っていたり悩んでいたりすると、メッセージや助け船を出してくれます。僕が霊視をしていると、おじいちゃんおばあちゃんが、体調不良が続いている孫の体にヒーリングのエネルギーを送っていたり、恋愛の出会いがないと言っている娘にいろいろと働きかけて、新しい出会いを作る手助けをしていたりしています。ほんと、ありがたいのです。

そして、直感というのは、生きている人からのエネルギーをキャッチすることで、生まれることもあります。

例えば、家族や恋人のことをふと考えると、その人から電話がかかってくることって、ありますよね？　あれは、その相手と気持ちの上で深くつながっていて、その人の想いがエネルギーとして飛んできた時に、直感としてキャッチして、その人のことを考えたりするのです。

また、直感というのは、悪いことを知らせてくれることもあります。

例えば、ある知り合いの人がいて、その人と話していると、なんか嫌な感じを受ける、ということがあります。そして、あとでその人が詐欺行為をしていることが分かるなんてことは、よくあることです。これも、その詐欺師から飛んできた、「騙《だま》してやろう」という想いのエネルギーをキャッチして、直感として感じているのです。このように、直感というのは、多くのエネルギーを通じて私たちに情報を与えてくれている、優《すぐ》れものです。

このように直感は、とてもよいヒントを与えてくれますが、実は、私たちにはもっと優れている感覚があります。それが**「直観」**です。

直感が、守護霊や周りの霊などとつながって得られるヒントであったのに対して、**直観は、自分自身の魂や頭の中の情報とつながり、総合的に得られるヒント**です。

魂というのは、前世からの情報も持っているし、その人がこの人生でどんな学びを得ようとしているのかなど、全ての答えを持っている、情報保管庫みたいなところ。魂は、いま自分が何を必要としていて、どちらに進むべきなのかということも、全てお見通しなのです。ですから、この魂ときちんとつながることで、人生の迷いや大きな失敗を減らすことができるのです。

多くの人は、この直感と直観が、同じものだと誤解しています。先にも述べた通り、直感というのは、偶然が重なって、たまたまヒントを得られたりするものですが、直観というのは、自分の中にある魂としっかりつながることで、必要な時に得られるヒントです。自分にとって意味のある答えを、選んで見つけ出してくることができるのです。こんな優れものの直観を、使わないのはもったいないないですよね。

この直観を活かしていく前に、皆さんにぜひ理解しておいてほしいことがあります。

それは、いつも悪いことが起こってしまうとか、いつまでたっても人生の困難から抜けられないと感じている人はたくさんいるものですが、彼らがこのように感じてしまうのは、自分の思いグセが邪魔をしているということです。この思いグセをきちんと理解して問題を解決していけば、その人の人生のエネルギーの流れが正しくなり、直観ミラクルのパワーをさらに強めてくれるのです。

では、その思いグセについて、もっと詳しく見ていきましょう。

人生の困難から抜けられない人は何が原因なのか？

Sense of Miracles 1

私たちの周りには、問題に直面していて、なかなかそこから抜けられない人や、何が自分にとって必要なことなのかが分からないという人がいます。その原因はいったい何でしょうか？

僕が、今までたくさんの人のリーディングをしてきて分かったことは、多くの人が、自分の本来歩むべき人生の道を探すことができずに迷ってしまうのは、次の3つのことが原因だということです。

①心でなく、頭で考えてしまっている
②自分の課題（トラウマ）から逃げる人生を選択している
③自分の幸せや人生の答えを、自分自身でなく周りに求めている

では、この3つの原因について詳しく説明しましょう。

①心でなく頭で考えてしまっている

私たちは、**心と頭の２カ所で考えて行動して**います。そして、この心で考えることと、頭で考えるということには、大きな違いがあるのです。

例えば、心で考えるということは、自分の魂とつながって考えるということ。自分の魂は、自分にとって何が必要かということを「すでに」知っているので、魂とつながって行動していると、自分にとって正しく進むべき道を選択できます。

これとは反対に、頭で考えるということは、脳の中にプログラムされた、今までに自分が得た常識や教えなどで作られた枠《わく》組みで考えるということ。この枠組みで考えると、自分にとって最善の選択ではなく、周りの人や社会にとって最善の選択、もっと言うと、偽《いつわ》りの自分になるための選択をします。

ではどうして、人は頭とつながって考える時に、周りの人や社会が求める自分になろうとするのでしょうか？

人間というのは、生まれてから、多くの常識や考え方を周りの社会から植えつけられます。まず、生まれてすぐは、親からの影響です。親は自分の子供の幸せを願いながら、子供にさまざまなことを教えますが、その教えは、子供にとって最善のものというよりも、親にとって都合のよいことである場合が多く、自分の価値観の押しつけになってしまいがちなのです。

次に、幼稚園や学校に行き始めると、先生や周りにいる友だちから、どんどん新しい常識や考え方を植えつけられます。新しい考えを自分の脳に植えつけること自体は問題ないのですが、まだ若く、自分の考えが確立されていない時期に周りから強い刺激を受けると、ついつい全てのことが正解になってしまい、偏《かたよ》った考えを自分の中に確立してしまうのです。

その中には、自分に対して否定的な考え方であったり、将来に対して恐怖心を生んでしまったりするような、全く必要のない考えもあります。

このように、頭の中にできた考え方というのは、とてもインパクトが強いので、私たちはその結果、心で考えることを忘れて、常に頭で考えて行動するようになります。そしていつのまにか、自分の頭にある知識や常識が、自分にとっての全てだと誤解してしまうのです。自分では、自分らしく考えて生きていると思いながら、実は社会の常識に合った自分づくりを、一生懸命しているわけです。

僕のサロンの勉強会では、「頭ではなく、心で考えてください」と、いつも言っています。私たちの人生は、自分らしく生きて、いろいろなことを経験しながら、幸せを感じることが目的です。でも、頭だけで考えていたら、誰かが自分の都合のために作った常識や考えに踊らされて、本当に自分らしく生きる道から離れていってしまいます。

しかも、頭で考えるということは、どんどん自分の進むべき道に対して、否定的な考えを膨らませてしまい、自分の中に不安や挫折感を生んでしまうのです。こういうことを続けていたら、本来あるべき人生の選択からさらに離れていき、本来の人生の目的からも遠ざかってしまうでしょう。そして、人生で課題にぶち当たった時には、自分にとって必要な行動ができなくなっているので、いつまでたってもその課題は解消されないのです。

また、これは余談になりますが、僕たち霊能者から見ていると、頭でばかり考えて行動する人は、どんどん上（頭）に向かって意識が向かうため、エネルギーが上に向かって流れ、いわゆる地に足がついていない（浮足だった）状態になっているのが見えます。こうした、地に足がしっかりつかない人は、心が安定せず、自分から放つエネルギーも弱くなってしまうため、トラブルを呼びやすくなってしまいます。

反対に、自分の心をよく見つめて行動している人は、しっかりと地に足をつけて、安定しているのが見えます。こういう地に足をつけている人は、問題が起こっても果敢に立ち向かう強さを持ち、周りに振り回されないようになります。

ですから、常に自分自身に対して、頭でなく心（魂）で考えるクセをつけることが大切なのです。意識すれば、数カ月で自分の考え方が変わってくるので、ぜひ練習してみてください。

②自分の課題（トラウマ）から逃げる人生を選択している

私たちがこの世に生まれてくるのは、魂にとっては、学校に行くようなものです。その学校に来る前、いわゆる生まれる前に、学校でのさまざまなカリキュラムを自分で決めてきます。基本的に魂が目指しているのは、嬉しいこと、悲しいこと、感動することなど、あらゆることを経験し、感じることです。ですから、この世で私たちが経験することは、楽しいことだけではなく、苦しくつらいことも必要になるのです。そのようなつらい経験（本当は愛のある、素敵《すてき》な経験なのですが）でさえも、自分で選んで、カリキュラムの中に入れて、この世にやってくるのです。

そして、人生の中で起こる、さまざまなつらい経験から多くのことを学ぶために、**トラウマ**

という、越えなければいけない自分の課題も決めてきます。

トラウマとは、何かの要因で肉体的、あるいは精神的に衝撃を受けたことで、心の中に大きな傷を負ってしまうことです。そして、人間はこのトラウマに対して向き合い、心の解放をするまでに、長ければ一生かけて取り組んでいくことになるのです。トラウマの多くは、子供のころに経験することが多く、家族や友だちなど、さまざまな人との関わりや環境から生み出されます。

例えば、両親が厳しくて、欲しい愛情をもらえなかった人が、心に傷を負ってしまい、人と関わることが苦手になったり、自分や誰かを愛する方法が分からなくなったりするということが起こります。しかし、このトラウマを作ってしまうに至った人生での経験も、その経験が生み出す自分の中にできてしまう問題も、全て、生まれてくる前に、自分が決めたものなのです。それなのに、人は、自分が決めてきたトラウマを乗り越えるのが怖くて逃げてしまうのです。

もともとトラウマというのは、自分が越えられる大きさの壁を設定してあるのですが、人間は弱いもので、この壁に直面することが怖くて、目の前にある問題が見えない振りをしたり、触らないで、ずっとそのままにしてしまったりするのです。

でも、このように問題から逃げ続けていると、その壁を越えるまでは、人生の進むべき道に何度もこの壁が現れてきて、試練を与え続けます。そして、自分は何をしてもダメだと感じたり、自分は人生を変えて前に進むことはできないと諦《あきら》めてしまったり、生きる自信をなくしてしまったりします。

こういう状態になってしまうと、何をするにも、自分はいつも問題が解消されず不幸な人間なのだと考え始めてしまいます。そして、自分や人生に対してネガティブな考えを常に持つことで、自分から出るネガティブなエネルギーが、さらにネガティブな出来事を、自分の生活の中に呼んでしまうのです。人生の悪循環を作ってしまうわけです。

僕がリーディングをしている時も、その人が持つトラウマを感じることがあります。そして、そのトラウマに向き合いたくないために、目をそらし続けて忘れてしまっている人とか、ずっと苦しんで前に進めていないというような人を、多く見てきました。そんな人に出会った時は、以下のようにアドバイスしています。

「自分の人生の壁は、学校のカリキュラムのようなもので、越えなければ次の課題に進めないし、この人生で越えることができなかったら、生まれ変わった次の人生で、また同じことを経験し、結局、越えるまでその課題は存在し続けます。だとしたら、いま思いきって自分の人生と向き合い、早く解決して、次の課題に進んだほうが絶対にいいのです。早く解決できれば、気持ちも楽になるし、成長を楽しむ時間も増えるのです」

理屈で言うとそういうことなのですが、実際に行動するのは難しいということも、僕は知っています。僕も、自分がゲイだということを受け入れること、そしてカミングアウトするまでに45年ほどかかりました（笑）。それでも、今はカミングアウトしてよかったと思うし、ゲイとして多くの人に元気を与えるなど、喜びも多くなりました。このように、自分の壁を越えた時にやってくる喜びは、人生のご褒美《ほうび》だと思っています。

人生の壁を乗り越えると、必ずそこにはご褒美が与えられるようにできているのです。それは、気持ちの上でかもしれないし、実際にラッキーなことが起こるかもしれない。勇気を出して壁に立ち向かってよかったと、いつか思える時がやってくるように、人生の流れはできているのです。

先ほどお話ししたように、子供のころに両親とのあいだでトラウマを作る人はたくさんいます。そして、そういう人のほとんどは、問題に向き合う方法が分からずに、そのまま見ないようにして過ごしたり、親を恨《うら》んだまま生きていくことで耐えようしたりします。では、このような人たちは、どうしたら自身のトラウマから抜けられるのでしょうか？

人間というのは、ある程度、歳をとってくると、両親がいなくても生きていけるようになりますよね。そうなった時、自分のトラウマとよく向き合ってください。そして、自分にこう言い聞かせてみてください。理解が難しければ、何回も読み返して自分に言ってあげてください。

「親とのあいだにトラウマがあったけど、今は自分ひとりでも生きていける。私は親から解放されたのです。確かにトラウマは、自分の性格や考え方に大きく影響して、私は苦しんでいます。でも、今の自分はその問題と向き合い、これから少しずつ自分らしい生き方を探して、楽しく暮らしていくことができます。これからは、新しい人生を、自分らしく、楽しみながら作っていけるのです」

トラウマを持つと、そこにはずっと、不安・恐怖・怒り・劣等感などの強い感情を持ち続けることになります。この、ネガティブな感情を自分の中に持ち続けて生きていくということが問題なのです。ですから、どうかトラウマと真正面から向き合い、自分の感情があることを認めてください。その上で、今の自分なら前に進めると信じて、自分のやりたいように行動していくのです。

トラウマを解消するのに、決して、両親に仕返しをするとか、謝ってもらうとか、そういうことは必要ありません。なぜなら、トラウマから出てくるネガティブな感情などは、すべて自分で作っていて、自分の中で起こっていることだからです。トラウマをなくすには、**自分の中の心や感情の処理が必要なのです。**そして、自分の心や考え方が前向きに変わるだけで、人生の壁は少しずつ小さくなっていくものなのです。

③自分の幸せや人生の答えを、自分でなく周りに求めている

これは、自分のことを全くかえりみずに、周りの人の反応を気にしすぎて自分を見失ってしまう人や、人生の問題を全て他人のせいにしてしまうような人のことです。

本来、自分の人生の主役は、その人自身です。私たちは、みな一緒に暮らしているように見え

ますが、実はそれぞれの魂が主役となる舞台があり、それらの人生が重なって存在しています。そして、周りの人は脇役として、主人公がいろいろなことを経験できるように助けているのです。もちろん、私たちも、その周りの人の舞台の脇役として、その人の人生が実り多きものになるよう、お手伝いしています。

ということは、主役である自分が、人生の決定権を持っているし、その人が自分で納得した楽しい人生を歩むということが、舞台を成功させる生き方ということなのです。しかし、人は弱いもので、すぐに周りの人と比べて自分が幸せか不幸せかということを決めたり、嫌なことが起こると、全て他人のせいにして自分を正当化しようとしたりします。

また、自分は何も努力をしないで、他人に自分の人生を幸せにしてもらうという、都合のよい生き方を選ぼうとする人もいます。しかし、このような生き方をすると、いつまでたっても、自分自身と向き合えなくなり、人生の壁をなかなか越えられなくなるのです。

私たちの魂の本来の目的は、先にも述べたように、自分の考えと選択によって人生を切り拓《ひら》いていき、さまざまなことを経験して、自分の幸せを見つけることです。その自分の幸せや人生の答えを外の世界や他人に求めるのではなく、自分自身と向き合い、自分の中から見つけるクセをつけておきましょう。

この、自分と向き合うことで生まれる人生の答えは、自分の人生の「流れ」をよくしてくれ、幸せだと感じることを増やしてくれます。これが、まさに直観ミラクルなのです。

人生の窮地で、こうして直観ミラクルが生まれた

Sense of Miracles !

では、直観ミラクルがどのようにして起こるのかを、僕の体験談を通して、あらためて説明してみたいと思います。

2020年の3月ごろ、新型コロナの影響で、勤めていたアメリカの航空会社の便数が激変したため、自宅待機となりました。

自由な時間ができたので、自分は何をするべきかと考えた時、自分の中に「YouTube」という直観が出てきました。

それまで1年ほど、いつかはYouTubeをやってみたいと考えていて、いろいろなアイデアが浮かんでは来るものの、なかなか行動には移せませんでした。でも、この時は、さまざまな条件が整っていて、「今しかない」と思ったのです。

まず、動画作成をしようと、パソコンをウィンドウズからアップルに変更したのですが、そのパソコンの設定に2カ月くらいかかったあと、やっと動画作成の準備ができていました。

次に、たまたまピアノの先生との雑談で、動画はこんな簡単に作れますよと、実際にその作り方を見せてもらっていたことなど、すぐに動画が作れる環境が整っていたのです。

そして、自宅にいることが多くなった今なら時間もたくさんあるし、コロナで人と会うのが

難しくても、ひと通り録画から編集まで、ひとりでできるようになっていました。そうしたことが、自分の中で全てつながり、スピリチュアルなチャンネルを作ることに決めました。

そして、4月からYouTubeの番組を毎日投稿して、約3カ月で収益化に成功したのです。実は、YouTubeの番組を収益化する壁はとても大きく、普通の人なら1年以上かかるのですが、わずか3カ月で達成できたのは快挙でした。いま思うと、コロナで自粛生活が始まり、動画の需要が多くなっていたのも大きな助けとなりました。つまり、タイミングがすごくよかったのです。

この、YouTubeで収益化できる直前くらいに、アメリカの航空会社から、一方的に解雇の知らせがやってきました。最初はとてもショックで、動画を作りながら心は泣いていましたが、「負けてたまるか！」という気持ちで、自分の直観ミラクルを信じ、さらに行動することを決めました。この直観ミラクルを使って行動してからの変化は、とても大きなものでした。

さて、次にやってきた直観は、「オンライン」でした。それまでは、月に1回、新宿区のサロンで勉強会をしていましたが、コロナの状況になり、しばらくお休みをしていました。そこで、この勉強会をオンラインで実施できるようにすることと、スピリチュアル・リーディングもオンラインで受け付けられるようにと、直観に従って準備を進めていきました。

そうすると、サロンがオンラインになったことで、東京以外の人も勉強会に参加できるようになったと喜ばれるし、YouTubeの番組を観てくれている方が、オンラインでカウンセリングを申し込んでくれるようになってきました。オンラインを取り入れることで、ビジネスの窓口が大きく広がったのです。

次にやってきた直観は、動画投稿アプリの「TikTok」。それまで、TikTokは若者中心のSNSだと信じていたので、まったく興味を持っていませんでした。でも、どこにいっても「TikTokをするべきだ」という直観がやってくるのです。

そこで、詳しく調べてみると、最近はTikTokでも教育系の動画の人気が出てきていて、中高年の人にも人気が出てきていることが分かりました。もともと動画づくりはYouTubeで慣れていたし、アプリで投稿する1分以内の動画は、今まで自分が作っている10分ほどの動画と比べると、とても簡単に思えました。

そこで、TikTokでも動画投稿を始めてみたところ、10本目の動画で、ラッキーなことに、バズり（人気になり）始めたのです。

いちどバズり始めると、その他の動画もどんどん人気が出てきます。そして、フォロワー数もかなり増え、しばらくすると、そこでファンになってくれた方が、YouTubeにも流れてきてくれるようになりました。

直観に従ってTikTokを始めて、よかったと思う瞬間でした。

次にやってきた直観は、「賃貸物件を買うこと」。もともと1つ、賃貸物件を持っていたのですが、この物件にまだローンがあって、利息をけっこう払っています。なので、経費を減らすために、貯金を集めてローンを完済してしまうほうがいいと考えました。それで、通帳と印鑑を持って銀行に行こうとしたその時、「賃貸物件」という直観が浮かんだのです。これは、僕の友だちが不動産屋をしていて、最近の賃貸物件について話をしていたので、「そのローンは完済しないで、賃貸不動産を探してみなさい」ということだと、すぐに分かりました。

僕は、すぐに友だちに連絡をして、次の日に事務所に行くことを約束し、最近の物件情報を見せてもらうことにしました。ローンの返済はいつでもできるので、とりあえず賃貸物件を探してみて、縁のある物件が出てきたら買ってもいい、というぐらいの、軽い気持ちでした。

そして次の日、友だちの事務所に行き、僕の欲しい条件をいくつか話していたら、なんとそこに、そのいくつかの条件が全て当てはまる物件が見つかったのです。それからすぐに物件を見に行ったのですが、とても気に入りました。

そして、その1週間後に、その物件の契約をすることになるのです。僕が直観を無視して、すでに持っていた賃貸物件のローンを支払っていたら、この新しい物件にはたどり着かなかったのです。

このあとにも直観ミラクルは続き、この本の出版が決まりましたし、渋谷クロスＦＭの２つの番組にも出演させていただくことができました。これら全てのことは、僕が会社を解雇されて窮地に立たされてから、６カ月も経たないうちに起こったことばかりです。まさに、直観ミラクルで、人生が大きく動き始めたのです。

直観ミラクルは、誰でも使える！

僕の周りにも、直観ミラクルを使って成功している人がたくさんいます。そして、そういう人たちの口グセが、「こっちを選ぶと、自分にとっていいって分かる」です。このように話す人は、ビジネスなどで成功している人が多く、悩んだ時に自分がどちらに向かえばいいのかが分かり、成功している未来の自分の姿が見えたりする人もいます。

このように話すと、「私にはそんな能力ないから無理」と思ってしまう人も多いでしょう。ですが、安心してください。こうして直観ミラクルを使って成功している人の中には、自分は全くスピリチュアル的な能力はないと言う人もいるし、スピリチュアルな世界に興味すらない人も多いのです。

じゃあ、どうしてこの人たちは、直観ミラクルを使えるようになったのでしょうか？

それは、人間の持つ神秘なパワーによるものです。

人間には、科学では証明できない素晴らしいパワーがあります。例えば、ビジネスをやろうと考える人は、「自分は何をすれば成功できるのか」ということを、常に考えています。そうすると、どんどん周りのエネルギーや自分の魂とつながっていき、直観によって、さまざまなメッセージを受け取るようになります。

これは、霊性開花したい人が瞑想などをして、意識をスピリチュアル・エネルギーに向けることで、どんどんメッセージを受けられるようになるのと同じで、自分のビジネスを成功させたいと強く集中することが、高い霊性開花レベルにまで上げていってくれるのです。その結果、自分に必要な直観をキャッチすることができるようになるのです。

直観ミラクルは、決して特別な人だけができる特殊な能力ではなく、誰もが少し意識を向けて練習すれば使えるようになるので、安心してください。

直観ミラクルというのは、自分の魂とつながり、自分が進むべき道を示すメッセージをもらうこと。誰もが、自分の中に魂を持っていますから、意識を少し自分の中の魂に向けるだけで、誰でもメッセージを受けられるようになるのです。

人というのは面白いもので、「自分がメッセージを受けるのは無理」と決めつけてしまったり、「自分はスピリチュアルなエネルギーを感じられない」と考えたりすると、メッセージが目の前に来ていても、気づかなくなるのです。

僕も、自分がメッセージをきちんと受けられるようになる前は、「自分には無理」と考えていたので、こうしたメッセージに全く気づいていませんでした。でも、今は本当によく分かります。メッセージは意外と分かりやすく来ているのに、それがメッセージだと認識できていないだけなのです。でも、何かのきっかけで、これがメッセージだったんだと気づくと、どんどん周りにあるメッセージに気づくようになります。

これから、直観ミラクルを使えるようになるための方法を、詳しく説明していきます。

そして、分かりやすく具体例もご紹介するので、これがメッセージなのだという、自分なりの気づきを探してみてください。

そして、直観ミラクルを使うと、人生のヒントをもらうだけではなく、素敵なプレゼントも手に入れることができます。そのプレゼントとは、**「根拠のない自信」**と呼ばれるもので、自分を強くしてくれる最強の味方です。

相談者の方で、自分は自信があまりないので、仕事も人間関係もどうすればいいのか分からないと言う方を、今までたくさん見てきました。そんな方たちに、ぜひ習得していただきたいのが、この、根拠のない自信です。

まず、直観ミラクルで行動し続けると、どんどん自分の直観ミラクルへの信頼度が増してきます。そうすると、自分の人生はこの道に進むべきだとか、今の選択は間違えていないということが、（根拠なく）分かってくるようになるのです。

それは、きちんと言葉で説明できるようなものではなく、「なぜだか知らないけど、自分にとっては、これが正解」ということを「感じる」というもの。

これが、根拠のない自信というものであり、ここまでくると、自分自身の選択に対して迷いが少なくなり、自信が湧いてくるのです。この感覚は、回数が増すごとに、より分かりやすくなってきます。

ビジネスで成功している人や、自分の人生を楽しんで生きている人の多くは、この根拠のない自信を得ていることが多いです。こういう人たちは、周りの人に信じてもらえないとか、頭がおかしいと思われるかもしれないということで、根拠のない自信の話を、あまり大きな声では話しません。でも、僕のようにスピリチュアルの話ができる人には、そっと、自分はスピリチュアルな人間ではないけども、自分の未来が見え、そこに根拠のない自信がある、というようなことを話されます。

皆さんの中には、成功している人は、どんな秘密を持っているのか知りたい、と思っている人が多いでしょうが、実はこの、**直観ミラクルと、そこから生まれてくる根拠のない自信が、成功者の持つ秘訣**だったのです。だからこそ、皆さんにも直観ミラクルを使って、自分の人生を幸せなものにしてほしいと思うのです。

直観ミラクルは、このようにして起こっている

Sense of Miracles !

直観ミラクルというのは、**自分の魂ときちんとつながり、直観としてやってくる情報やアイデアを活かして行動することで、自分の人生がよい方向に拓けてくる**というものです。

まずはじめに、魂とはどういうものなのでしょうか？

私たちの魂とは、胸のあたりに存在するエネルギーで、そこにはさまざまな情報が集められています。その情報とは、過去生で経験したことから、現在の情報、そして、未来にどんなことが起こるのかというようなことまで、集められています。ですから、この魂ときちんとつながれば、自分のことを、よりよく理解することができるのです。

霊能者がカウンセリングをする時、この魂から得られる情報をよく利用します。皆さんも、「オーラ」って聞いたことがあると思います。オーラが何かは知らなくても、「あの人はオーラがあるね」とか、「オーラが強い」など、会話でもよく使われています。

オーラとは、その人の魂から出ているエネルギーのことで、このオーラを見ることで、その人の過去・現在・未来の情報だけではなく、考えていることやエネルギーの状態（健康状態のようなもの）も、理解することができます。簡単に言うと、**魂は、その人の全てを知っているのです。**

私たちは、さまざまなことからメッセージを受けますが、そうしたメッセージが、どこから来ているのか、ということを理解しておくことが、実はとても重要になります。

例えば、魂から送られたメッセージなのか、守護霊からなのか、自分の思考（頭）からなのかなど、メッセージの出どころによって、重要性がかなり変わってくるのです。

ちなみに、この3つのメッセージの出どころの中から、メッセージの重要性の高い順に挙げると、このようになります。少し繰り返しになりますが、順に説明していきましょう。

①魂
②守護霊
③自分の思考（頭）

どうしてこの順番になるのかというと、私たちがこの世に生まれてきたのは、魂の意志によってだからです。そして、魂（自分）が人生の決定権を持って、経験を重ねていきます。だから、人生の船頭は魂であり、とても大切な存在なのです。

そして、守護霊は、その魂が決めたプラン通りに人生が進んでいくよう、補助してくれているのです。なので、守護霊はアドバイスやヘルプはくれますが、その人の人生の選択を決めたりはしません。あくまでも、補助という役割を果たすのです。

そして、自分の思考（頭）は、魂とつながっているような感じもしますが、実は間違った常識ばかりを持つ厄介者《やっかいもの》なのです。

私たちの脳は、社会の中で生活していると、周りの社会や、両親や友だちなどから影響を受け、自分にとって正しくない情報や知識をどんどん増やし、誤解をしていきます。

そして、その誤解が大きくなると、自分にとって本当に必要なものをすっかり忘れてしまい、魂からのメッセージが来ても気づかずに、誤解した価値観の中で行動してしまうのです。

多くの人が、生きることに幸せを感じられなかったり、人生に何度もつまずいてしまったりするのは、この状態になっていることが多いからです。

このことからも、私たちが自分の魂ときちんとつながり、そこから人生のヒントとなる直観を得ることは、とても大切なことだとお分かりいただけると思います。

では、直観ミラクルは、具体的にどのようにして起こるのでしょうか？

直観ミラクルが起こるステップとは、こんな感じです。

①人生の見直し（この世に生まれた意味を知る）
②自分の魂と深くつながる
③直観ミラクルで得たメッセージで行動する
④直観ミラクルを加速させるために自分のエネルギーをパワーアップする

この４つのステップを順番に何回も繰り返すことで、どんどん直観ミラクルが自分に起こるようになってきます。

それでは、直観ミラクルを自分のものにするために必要なステップについて、さらに詳しくお話ししていきましょう。

Akira's Summary

直感とは

守護霊や亡くなった人など、自分以外のエネルギーをキャッチした時に得られるメッセージのこと。

直観とは

自分自身の魂から得られる総合的なヒント。人生における全ての答えが保管されている。

直観ミラクルとは

誰もが使える神秘のパワー。４つのステップで、どんどん人生に奇跡を起こすことができる。

SENSE OF MIRACLES!

第2章

直観ミラクルを強くする「人生の見直し」

自分の人生に起こることの本当の意味を知る

Sense of Miracles 1

生きていると、ほんと、いろいろなことが起こります。嬉しいことも悲しいことも。でも、自分に起こることは全てのことに意味があり、**偶然ではなく必然的に起こっている**のです。この「偶然ではなく必然」という考え方は、スピリチュアルな世界ではよく言われることですが、直観ミラクルを起こすためには、この意味を理解することがとても大切なので、ここで少し説明したいと思います。

私たちの魂は、この世でどのようなことを経験するかということを、ある程度、決めてくると前にお話ししました。そして、この世に生まれてからは、その自分が作った人生の青写真に沿っていけるように、守護霊や宇宙全体のエネルギーが後押しをしてくれます。

私たちが経験することの中には、なぜこんなつらいことが起こるのかと、神さまを恨みたくなるようなこともありますが、そんな経験から得られる感情や知識こそが目的なのであり、全てのことは抜群のタイミングと環境で起こっているのです。そして、それらの状況は、その時には不完全な感じに見えるのでしょうが、それはその時々で、次のステップにつながるための完璧な形で表れているのです。

例えば、病気になったことでこれまでの人生を見直し、生きることへの考え方を悔い改め、生きていることがどれだけ素晴らしいかということに気づくと、知らないまに病気が消えていた、というような話は、皆さんよく聞く話だと思います。

または、ビジネスに失敗して借金まみれになり、もう死ぬしかないと思っていた人が、偶然に出会った人のある言葉で、今までの間違っていた考えに気づき、そこから借金を返済してビジネスで大成功するとか。

こういった、つらい状況を経験することは、自分に必要な「何か」に気づくことのため、宇宙が作り出している完璧な状態なのです。

ですから、人生の中でつらい状況におちいった時、落ち込んだり誰かを責めたりするのではなく、「宇宙が自分に気づいてほしいことは何だろうか」と自分に問いかけ、答えを見つけることで、自分に起こっているつらい状況が少しずつ改善されていくのです。

全てのことは完璧な状態で起こっているということは、全てのことは意味があって起こっているということです。これを理解した上で、直観ミラクルに必要なことは、自分の人生を見直し、その意味を正しく理解しておくということです。

直観ミラクルは、全ての答えを知っている魂とつながることで得られるのですが、その魂とつながって直観を得た時に、自分の頭の中にある情報も加わることがあります。ですが、頭の中にある情報は、自分が生まれてから経験したことや、周りの人や環境などに大きく影響されるため、本来の意味からかけ離れた、間違いだらけの情報になっていることが多いのです。このような、人生の意味を間違えた情報を持っていると、魂からやってくる直観とのあいだに誤差が生じて、直観ミラクルが起こりにくくなってしまいます。

そこで、この魂から来る直観と、頭の中の情報とのあいだにギャップが生まれないように、皆さんに見直してほしい**4つの人生の意味**があります。

第1の意味〈強み〉　あなた独自の興味や特徴
第2の意味〈トラウマ〉　人生で得たサバイバル技術
第3の意味〈能力〉　経験を通して得た特技
第4の意味〈お役目〉　この人生でやると決めてきたこと

この4つの意味を、自分で何回も見直し、正しく理解しておくことで、魂からの直観がやってきた時に、「進むべき道はこっちだ」と強く確信が持てるようになります。

魂からのメッセージと自分の頭の中の情報がズレていると、意思決定する時にズレや迷いが生まれてしまいます。反対に、自分の人生の意味をきちんと理解していれば、魂から直観として来たメッセージと自分の頭の中の情報が一致して、「これだ！」という感覚が生まれます。そうすると、自分の直観に対しての強い信頼が確立されるのです。この信頼が確立されれば、直観に従って行動していくだけで、どんどん直観ミラクルが起こるようになるのです。

これから４つの人生の意味を順番に説明していきますが、皆さんもぜひ一緒に、自分の人生の見直しをしてみてください。その時にお勧めしたいことは、紙に書きながら進めていくことです。慣れてくると、紙に書かずに頭の中だけでも整理できますが、最初のうちは紙に書き出すことで、視覚的に入ってくる情報で頭の中が整理され、速く、効率よく、見直しができるようになります。

第１の意味〈強み〉あなた独自の興味や特徴

Sense of Miracles 1

私たちは、人それぞれ、違った興味を持っています。自分ではなぜだか分からないけど、子供のころから、とにかく好きでしかたのないものや、大人になってから急に出てくる好きもあります。そして、その好きは同じ家族や状況の中で育ってきた兄弟であっても、全く違った好きを持つものです。ではどうして、このようなことが起こるのでしょうか？

それは、その人の好きというものは、魂が決めてきた人生の青写真の中で、必要とされる経験をするために、カリキュラムの中に仕組まれているものなのです。ですから、その人がどんな興味や特徴を持っているか、注意深く見ていくことは、その人の人生がどんな方向に進んでいくのかを理解する重要な鍵となるのです。このことを理解した上で、具体的に自分の興味や特徴を見ていきましょう。

ステップ① 自分が子供のころから持っている興味や好きを書き出してください

人生の時期で言うと、物心がつく3歳くらいから、小学校を卒業するころに注目してください。この時期は、生まれる前の記憶に魂が強く影響されている時で、頭で考えるというよりも、すごく自然に魂からの好きとか興味を外の世界に示しているものです。ですから、この時期の自分の好きを思い出してリストにすることで、自分の魂が今回の人生の中で、何を必要として生きていこうとしているのかが、少しずつ見えてきます。

例えば、僕の場合だとこうなります。

＊英語を話して世界中の人と話したかった
＊飛行機、特に旅客機が好きで、ひとりで空港に行っていた
＊不動産の間取り図が大好き
＊女の子でなく男の子が好き
＊人の世話をするのが大好き

このように、自分が思いつくものを、できるだけ書いてください。そして、次に自分の友だちや家族など、自分のことをよく知っている人に、「自分の特徴や、他の人より優れていることとは何か？」と、聞いてみてください。こうして出てきたあなたの特徴も、このリストの中に加えてください。

僕の場合だと、自分では苦手意識のある「営業」や「売り込み」ですが、周りの人は僕のことを、とても営業に向いていると言います。なので、自分の好きリストに「さりげない営業やトークがうまい」を付け足します。

このようにしてリストができあがったら、「それぞれの好きや興味は、自分にとってどういうものなのか？」「それらはどのように自分の人生に影響してきたのか？」というようなことを考えながら、頭の中を整理していきます。

僕のように人生がある程度長くなると、このリストに出てくる自分の好きが、どのように自分の人生に影響してきたのかがよく分かります。

ですが、若い世代の人は、なかなかピンとこないかもしれません。そこで、これから僕のリストの紐解きの仕方をご紹介するので、自分の好きをどのように整理していくのかの、参考にしてみてください。

＊英語を話して世界中の人と話したかった

僕は、幼稚園に入る前からなぜだか、英語を話して、世界中の人と話したいと思っていました。小学生の時に、誕生日プレゼントは何が欲しいと聞かれて、「英語の本」と言っていたくらいです。特に、周りの人で英語が話せる人がいたわけでも、誰か外国の人に憧れていたのでもありません。単に自分がたくさんの人と話したいという気持ちが大きく、そのためには英語が話せるようにならないといけないと、子供ながらに思っていたのです。そして、今は、英語を使って通訳の仕事もしますし、世界中の人とも話すことができるようになりました。

このように、子供というのは、ハッキリした意味がないまま、何かに興味を示すことがありますが、それは将来の自分に必要なことを、魂が、「好き」とか「興味がある」というような形で知らせてくれているのです。ですから、なぜだか知らないけど興味がある、ということは、自分の中で、とても大切にしなければいけないことなのです。

「自分が何をしたいのかが分からない」という相談者さんはたくさんいますが、そういう方には、子供のころに何をしたかったのかを、もういちど見つめ直してみてくださいとお願いしています。そして、自分の好きが見つかったら、とにかく行動して、それをやってみる。子供のころにやっていたけど、やめてしまっていることや、やりたかったけど親が賛成してくれなかったことなど、とにかくやってみることで、今の自分に必要なのかを確認できるのです。そうしたことを続けることで、自分がするべきことに近づいていけるのです。

これと同じように、あなたにお子さんがいるのなら、その子の好きや興味を、できるだけ大切に育ててあげてください。子供のころに、周りの人から自分の好きを反対されたり否定されたりすると、せっかく魂からのメッセージを受けて行動しているのに、頭の中で、それは要《い》らないものや忘れないといけないものという、間違った考えを植えつけてしまいます。そして、こうした間違った考えを植えつけてしまうと、その後の人生でもういちど、自分にとって必要なものだと思えるまでに、長い時間がかかってしまい、人生の流れを狂わせてしまうことになるのです。

＊飛行機、特に旅客機が好きで、ひとりで空港に行っていた

土曜日、小学校の授業が昼までで終わると、お決まりのように僕は、ひとりで空港まで行き、夜までずっと飛行機を見ているような子供でした。親は、「うちの子は変わっている」と言っていましたが、これも、僕にとっては大きな意味のあることでした。結局、日本とアメリカの航空会社に、通算27年間も勤めることになるのです。

飛行機が好きな子供はたくさんいますが、僕は飛行機の中でも旅客機が好きで、戦闘機や輸送機などには全く興味を示しませんでした。このように、子供の好きの中でも、あるものに限定

したものは、特にその人の将来にとって重要なことにつながるのです。僕が客室乗務員になりたいと思ってからは、乗務員になるために必要だと思われる英語の勉強や、アルバイトでのサービス業の練習など、ずっと楽しみながら習得してきました。これこそが、好きが持つパワーであり、魂が人生の目的達成のために使う武器なのです。

*不動産の間取り図が大好き

僕は、子供のころから新聞チラシで入っている、不動産の間取り図が大好きでした。そして、間取り図を見ながら、こんな家に住みたいなあ、などと考えていたのです。社会人になってからは、競売などで不動産を買おうといろいろ勉強もしてみましたが、なかなかうまくいきませんでした。そして、諦めかけていた時にラッキーなことが重なり、今では、自宅も含めて3つの不動産を持つようになりました。

「どうしてこんなことが好きなんだろう？」と思うことって、誰にでもあると思います。そんな好きも、人生の中では大切なことであり、どこで何につながるか分かりません。ですから、なにげない自分の好きは、気になる方向に行動してみるべきなのです。僕の場合、競売で不動産を買ったことはありませんが、勉強して得た知識は、今でもとても役に立っています。

＊女の子でなく男の子が好き

自分の好きの中には、社会的に受け入れられにくいものもあります。私たちは、社会の中で受け入れられにくい好きを持つと、それを隠したり、自分を責めたりしてしまいます。でも、この好きは、自分が悪いのではなく、人生で必要な経験を生むために、仕組まれてきた好きなのです。何も恥じることはありません。

ですから、自分の好きから逃げないで、ちゃんと向き合ってください。好きから逃げると、必ず、自分の頭の中と魂とのあいだにズレが生じて、自分自身を傷つけたり、求めない結果を生んでしまったりと、必要のない行動をしてしまうことになります。**社会に受け入れられにくい好きは、あなたの人生の中の素敵な個性**です。これを受け入れて、少しずつ前に進んでいくことで、あなたの本当の幸せに近づけるのです。

＊人の世話をするのが大好き

僕は、小学校の時ぐらいから、困っている人のお手伝いをすることが大好きでした。それは、誰かに褒《ほ》められたいとかではなく、純粋に困っている人を見つけると、何かしないではいられなかったのです。

そんな僕も、社会人になると、自分自身に余裕がなくなり、困っている人を助けたいという好きは薄れていきました。こういう、好きが薄れていくことは、誰にでもあることだと思います。ただ、時間が経てば、自分にとって、その好きがまた大きな存在となることがあるのです。いま僕はカウンセリングの仕事をすることで、自分の好きなこと、人の役に立つということができていることを、とても嬉しく思っています。

このように、子供のころの好きが大人になってから離れることがあっても、いつでも自分から取り出せるように、準備しておくことが肝心なのです。

＊さりげない営業やトークがうまい

僕自身は、自分は営業が不得意だと思っています。ですが、周りの人は、いつも「さりげない営業やトークが上手だね」と言ってくれます。実は、この周りの人が思うあなたの得意は、自分の大好きなのです。でも、あまりにも自分にとっては当たり前のこと過ぎて、全く特別なものだと思っていないか、苦手だと勘違いしてしまっているだけなのです。つまり、それほど、あなたにとっては簡単なことであったり、自分を信じきれていない部分だったりするわけです。

誰にでも、このように周りから何度も言われるあなたの得意部分って、あると思います。そこは、聞き流すのではなく、しっかりと自分の頭の中に、これは自分の好きや得意なのだと植えつけておくべきです。自分の得意だと認識できていれば、その好きを使わなければいけない場面が人生の中で出てきた時に、ちゃんと利用して直観ミラクルを起こすことができるのです。

以上のように、自分の好きや得意をぜひ、リストにしてみてください。そうすると、自分の人生で大切にしなければいけないキーワードのようなものが浮かび上がってきます。このキーワードは、自分がこれから何をするべきなのか、どう進んでいけばいいのかという問いの答えを探す時に、とても重要なヒントとなります。この、自分の好きと、直観で来たメッセージがビビッとつながれば、自然と自分に必要な道が見えてくるのです。

そして、これらの好きや得意とすることは、自分の**「強み」**だということを、忘れないでください。

魂が教えてくれているあなたの「強み」は、あなたが人生を歩んでいく上で、壁を越えなければいけない時や、新しい道を切り開いていかなければいけない時などに、あなたを助けてくれる大きな武器となります。

直観ミラクルを起こすには、頭の中にある自分自身の考え方と、魂からのメッセージとのあいだに、ギャップがあってはいけません。このギャップが大きいと、よい結果を出すまでに、無駄な時間やエネルギーを使ってしまうことになります。ですから、この自分の好きや強みの確認を、ぜひ、最初の段階でやっておいてください。

第2の意味〈トラウマ〉人生で得たサバイバル技術

Sense of Miracles !

次に見直していく人生の意味は、**「トラウマ」**です。

トラウマとは、何か外的な要因により、自分の心に傷を持ってしまうことです。そして、このトラウマは、その人を苦しめることになり、長い人では一生涯かかってトラウマと向き合う人もいます。そして、人はトラウマによって、ネガティブな行動やエネルギーを、たくさん作ってしまいます。

僕のサロンにカウンセリングを受けにこられる人は、ほとんどの人がトラウマを抱えていて、そのトラウマが人生に大きな壁を作り、悩んでいらっしゃいます。その中でも、よく見つかるトラウマは、このようなものです。

＊親から愛情をもらえず、虐待された
＊兄弟姉妹と比べられて苦しんだ
＊学校でイジメにあった
＊配偶者や職場の人からのハラスメント

トラウマというのは、子供のころの経験から得ることが多いです。子供というのは、傷つきやすい心を持っており、親に頼って生きていることから、親の影響を大きく受けます。そして、心に傷を負ってしまった子供は、自分のことを責めたり、自分に対する自信をなくしてしまったりするのです。

トラウマというと、何かショッキングな出来事があったのだろうと思われがちですが、普段は優《やさ》しくなんの問題もない親の、たまたま言った言葉を誤解してしまい、傷ついてトラウマを作ってしまうこともあります。このように、自分に起こったことを、自分がどう捉えるかということによっても、トラウマは大きく影響してくるのです。

では、僕のところに相談にこられた方が、どのようなトラウマを持ち、どのように悩んでしまうのかを、例をあげて具体的にお話ししてみましょう。

＊家族から受けたトラウマ

家族の影響というのは、私たちにとって、とても大きいものですが、それも全て、自分がこの世に生まれてくる前に決めてくることなのです。全てのことが、自分の人生にとって大きな意味があり、トラウマを通して多くのことを学ぶのです。

相談者Aさんの場合。Aさんのお父さんはとても厳しく、口数の少ない方でした。昔の人は、特に口べたなところがあり、お父さんに子供に対する愛情がなかったわけではないのですが、Aさんはお父さんからの愛情を全く感じることができず、いつも窮屈な気持ちで暮らしていました。このことがトラウマとなり、自分は愛されていない、価値のない存在だと考えるようになります。

このように考えてしまったことで、自分に対する自信がどんどんなくなり、家族のあいだだけではなく、外の社会とのつながりでも、いろいろと問題が生じてきます。誰かに認めてもらうために必死になったり、人との交流に苦手意識を持ってしまったり、自分の意思を伝える勇気を持てなかったり、ということが起こります。

そして、親から愛情をきちんともらえていなかった人は、自分が結婚して子供ができた時に、子供にどう接したらいいのか分からないと言われる方も、たくさんいます。

*配偶者や職場の人からのハラスメントによるトラウマ

トラウマというのは、ほとんど子供のころに経験するものですが、大人になってから経験することもあります。最近、相談者の中には、このようなことで悩んでおられる方が、多くなってきています。

相談者Bさんの場合。Bさんは、新しい仕事に転職したのですが、そこの上司がとても威圧的に話す人で、自分の気に入らない人には、常に相手を完全否定して侮辱するようなことを言います。それが、ほぼ毎日のように続き、Ｂさんは自分に対して自信をなくし、職場に行くことがつらくなり、ストレスがたまって体調も悪くなってきました。

残念ながら、職場というのは、どうしても上下関係ができてしまいます。そして、その上司には、仕事ができるとか人間性がいいということで出世したのではなく、単に世渡りがうまいというだけで出世した人も多くいます。

Ｂさんの上司のように、日常的に周りの人を傷つけている人は、よっぽどのことがない限り、自分の悪い点に気づきません。ですから、もしストレスがたまり、自分の健康に異常が出てきたら、我慢し続けるのではなく、会社に言って部署を変えてもらうか、職場を変わるという勇気を持つべきです。

ウツのように精神的に大きなダメージを受けると、そこから元に戻るには、長い時間と大きなエネルギーが必要になります。我慢も時には必要ですが、もう限界だと思ったら、自分を解放させてあげられる方向へ、思いきって向かっていくべきです。以上は職場の例ですが、これと同じようなことが、配偶者からのハラスメントでも起こります。

このように大人になってからトラウマができる人というのは、実は、子供のころにできたトラウマが起爆剤となっていることが多いです。子供のころにできたトラウマが、自分の自信をなくさせていたり、生真面目《きまじめ》すぎる考えを持たせていたり、愛情に飢えさせていたりすることで、大人になってから違うトラウマを呼んでしまうのです。
これは、トラウマによって生まれた、あまりよくない自分のエネルギーが、さらに他のトラウマや問題を呼んでしまうというパターンです。

トラウマを解消する方法とは？

トラウマになるようなことというのは、全て、自分が生まれる前に作る人生設計の中に仕組まれています。ですから、今の人生で前に進むためには、トラウマの壁を越えることが絶対に必要です。

「神さまは越えられない壁を与えない」と言いますが、自分の魂も同じように、越えられないトラウマは設定しないのです。魂は、自分で設定したトラウマを乗り越えることで、大きな感動や喜びを得ることを知っています。そして魂は、私たちには壁を乗り越えられる力があると、いつも信じて見守っていてくれるのです。

では、具体的に、どのようにして自分のトラウマを解消していけばいいのでしょうか？
トラウマというのは、自分にとって意味があって起こっているということを、まずは忘れないでください。あなたがトラウマを越える、または越えようとすることで得られる経験や感情が、魂の成長のために必要なのです。言い換えれば、あなたが必要としている経験や感情を得ることができれば、トラウマは存在する意味がなくなり、自分から消えていきます。このことを、なんとなくといった感じでかまわないので、最初に理解しておくと、自分の状況を把握しやすくなります。

トラウマというのは、自分にとってあまりにもつらい記憶として残るので、多くの人は、自分は不幸な人間だとネガティブに捉えがちです。この自分の中に生んでしまうネガティブな想いが、引き寄せの法則を働かせてしまい、さらにネガティブなことを自分に呼んでしまいます。

ですから、自分のトラウマを冷静に見つめて、その意味を理解し、前向きな気持ちで取り組むことが、とても重要になるのです。

トラウマを解消する方法は、次の**３つのステップ**になります。

①トラウマと向き合う（逃げない）
②行動する（突破口を探す）
③トラウマを流す（トラウマへの執着をなくす）

子供がトラウマを作ってしまう時は、自分があまりにも弱い存在であることから、なかなかトラウマの意味を理解できません。ですが、ある程度の歳をとり、自分や周りの環境を冷静に見つめて判断できるようになると、少しずつトラウマと向き合えるようになってきます。そんな心の成長が見られた時は、ぜひ、トラウマを解消する3つのステップを試してみてください。

①トラウマと向き合う（逃げない）

トラウマというのは、自分の中で「つらい経験」と認識されるので、どうしても私たちは、逃げることを考えてしまいます。そして、そこに課題があるのを知っているのに、見ない振りを続けてしまうことで、「トラウマなどない」という意識が自分の当たり前になり、自分に課題があることさえ忘れてしまうという状態になるのです。

中には、親から虐待を受けていた数年間の記憶が全くなくなり、何も思い出せないという方もいます。これは、あまりにもつらい経験を忘れることで、自分を守るために、子供がよくする防御反応なのです。もしあなたにもこんな経験があれば、その時期は、かなり自分が傷つけられたということの証拠です。

子供のころに、自分を守るためにトラウマから逃げるという行動をしてしまうのは、仕方がないことなのかもしれません。ですが、成長して親のコントロールから離れてきたら、自分のトラウマと向き合うということが、とても大切になってくるのです。

では、トラウマと向き合うとは、どういうことでしょうか？

それは、自分を傷つけているトラウマが、そこに「ある」ことを認めることです。自分のトラウマと向き合うと、つらい経験や想いがよみがえるため、人は怖くなり、目をそらしてしまいます。でも、トラウマというのは、先にも書いたように、人生の中で越えるために設定してきた課題です。逃げているだけでは、何も変わらず、前に進めません。

ですから、自分の中にあるだろうと思われるトラウマをよく見つめ直し、そのトラウマが自分にどんな影響を与えていて、自分はそのトラウマを越えるために何をすればいいのかということを、よく考えてください。

この、トラウマを見つめ直す作業も、紙に書くことで視覚化され、頭の中を整理しやすくなりますので、ぜひ試してみてください。

トラウマに向き合うと、つらくて涙が出たり、気持ちが落ち込んだりするかもしれません。それでもいいのです。涙は、心を浄化してくれます。我慢して感情を溜《た》めるのではなく、心を開放して、よくないエネルギーを吐き出してしまいましょう。

②行動する（突破口を探す）

このように、自分のトラウマの存在を認めて、そこにある自分の問題点を見つけると、自分には何が必要で、本当は何を欲しいと思っているのかが分かってきます。

例えば、親に「ダメ人間」というレッテルを貼られて自信をなくしている人は、誰かからの愛や、自分を認めてもらいたいという欲求が、心の奥にあると気づきます。

そこから、自分が欲しいとか変わりたいと思っている状況に近づくように、少しずつ行動していくのです。この行動は、何か大きいことをするとか、必ず成功しなければいけないとか、そういうことではありません。誰かに助けを求めるとか、苦手と思っていることをやってみるとか、そんな小さなことの積み重ねでいいのです。

この「行動する」時に、よく誤解されることがあります。それは、自分にトラウマを与えた相手に、勝ったり、仕返ししたりすることが解決策だと思うことです。ここで必要なのは、そんなことでは全くありません。

親とか職場の人などは、単に自分に必要なトラウマを作り出すきっかけであり、トラウマが自分の中にできてしまったら、その壁を越えるのに必要なことは、全て自分自身との戦いなのです。自分が戦う相手は、自分の中で怖がったり、憎んだり、前に進めなくなっている自分自身なのです。そのことを忘れないでください。

では、具体的にどんな行動が必要なのか、以下に説明しましょう。

自分に自信がない人は、自分の好きを大切にして行動しましょう。

例えば、両親から虐待されたり愛情をもらえなかったりした人は、自分に自信がなかったり、人の愛情に飢えていることが多いでしょう。自分に自信が欲しければ、自分の好きなことをやってみましょう。食べることが好きなら、まかない付きの食堂で働くとか、掃除が好きなら施設の掃除の仕事をするなど、とにかく行動してみるのです。

もちろん、いろいろな好きがあるだろうし、一発で自分に合う場所を見つけられないかもしれませんが、それでも全然問題ありません。自分の居場所が見つかるまで、探し続ければいいのです。好きで行動していると、ここにいてよかったと思える場所にいつか出会える。それでいいのです。

そして、もういちど言いますが、この行動は、何か大きな結果を出す必要はありません。自分の中に少し自信が出てきたり、自分の好きなことが見つかったりする、そんなことでいいのです。

人の愛情に飢えていると思う人は、人と関わり、優しさを与えましょう。

人の愛情は、人と関わることでしか得られません。もちろん、世間の人は自分のことで精いっぱいで、冷たい態度をとる人や、逆に攻撃してくる人もいます。でも、人に興味を持ち、優しさを他人に与えることで、自分に必ず愛情が返ってくるのです。

優しさとは、誰かを助けるとか、お金を与えるとか、そういうことだけではありません。誰かを称賛するとか、ねぎらいの言葉をかけるとか、「ありがとう」と伝えるだけでも十分です。スピリチュアルな世界では、自分が周りの人に与えた優しさは、必ず回り回って自分に返ってきます。どうしても最初は、見返りを期待するような優しさになるでしょうが、それでもいいので、まずはやってみてください。そのうち、どんどん慣れてきて、それがあなたの「普通」に変わりますよ。

心が病んでしまっていると思ったら、誰かに助けを求めましょう。

今の社会は、とても複雑で、ストレスの多いものになっています。そんな中、大きなトラウマを持っている人は、社会への順応が難しくて、心が病《や》んでしまうことも多いのです。僕のサロンにも、心が病んでしまいそうになり、何とかしたいと思ってこられる方が多くいらっしゃいます。あなたも、心がつらいと感じたら、誰かに助けを求めましょう。

今は、医師のカウンセリングを受けることも簡単になってきていますし、僕のようなスピリチュアル・カウンセリングや整体などを通して、誰かを助ける仕事をしている人はたくさんいます。これは、神さまが、ストレスの多い今の社会で人々がちゃんと生きていけるように、人助けをする使命を持った魂を、たくさんこの世界に送ってくれているからだと思います。ですから、こういう、誰かのために働いている人たちから、アドバイスやエネルギーをもらいましょう。

最近は、インターネットなどを通じて、無料のサービスをたくさん受けることができます。無料では、お試しのようなサービスかもしれませんが、サービスをしてくれる人の考えやエネルギーが気持ちいいとか、これなら元気をもらえると思えば、お金を出して本来のサービスを受ければいいのです。

でも、無料の動画やブログを読むだけでも、元気や学びはたくさん得られると思います。風の時代は、こうしてインターネットを使って、神様が僕たちを助けてくれる時代なのだと思います。そこには、必ずあなたに必要な何かがあるはずです。

チャンスが訪れた時は、とにかく挑戦してみましょう。

サロンの相談者の中には、事業で失敗した経験があり、そこでできたトラウマがあるため、同じようなチャンスが訪れた時に、どうしていいか分からないと言われる方も多くいます。そんな時、僕は「挑戦するべきです」と伝えます。

日本の社会では、いちど失敗してしまうと、「失敗した人」という大きなレッテルを貼られることがありますが、スピリチュアルの世界では、全くそんなことはありません。むしろ、必要であれば、何回でもチャンスを与えてくれます。その理由は、その人に人生の壁を越えて、前に進んでほしいから、です。ですから、同じようなチャンスが来た時は、迷わずつかめばいいのです。神さまがチャンスを与えてくれるのは、あなたの準備ができているからです。成功するまで、迷うことなく、何度でも挑戦すればいいのです。

トラウマを乗り越えるには、先にも書いたように、行動することがとても大切です。頭の中で考えて整理するとか、ポジティブな考え方を持つとか、それも必要ですが、とにかく行動することで、前に進む自分の力を活発化させ、何十倍も結果を大きくすることができるのです。

行動しても、なにも状況が変わらないように見えることがありますが、魂の成長は、間違いなく前に進んでいます。

そして、こうした行動を続けていると、宇宙が用意してくれている、自分のトラウマを越えるための突破口が、突然見えてくる時があります。そんな時は、勇気を振り絞って、そのチャンスをつかみましょう。

③トラウマを流す（トラウマへの執着をなくす）

子供のころにできたトラウマの場合、大人になって親から離れるなどして、自分の周りの環境が変わった結果、トラウマ自体を作った原因がなくなることがあります。

例えば、虐待していた親から離れて暮らすとか、その親が亡くなってしまうなど、自分にトラウマを与えた原因となるものが、自分の生活の中からなくなってしまうのです。

しかし、原因がなくなったとしても、トラウマ本体というのは、その人の心の傷となって、大きく深く存在し続けます。たとえトラウマを作り出した原因がなくなったとしても、自分や親を責めたり、恐れを持ち続けてしまったりするなど、気持ちの上では全く解決されずに存続するのです。

ここで大切なことは、トラウマによっていちど作られた心の傷を大きく成長させていくのは、自分自身の考えだということです。トラウマは、本人にとってあまりにもインパクトがあるため、トラウマへの想いが強くなりすぎます。そうすると、嫌なものだと分かっているのに、執着して（本人には全くそんな自覚はありませんが）手放せなくなることがあります。

このように、自分の想いがトラウマの存在を大きくしていく、ということは、反対に、自分の考え方や捉え方で、トラウマの存在をどんどん小さくしていくこともできるわけです。

例えば、親から愛情をもらえなかったことで、トラウマを持った人がいるとします。この人が親から離れて暮らすようになった時くらいから、自分のトラウマとどう向き合うかが大切になる時期になります。

この時期は、自分の中にあるトラウマと向き合い、自分を変えていく「行動」が必要になってきます。ですから、自分に対して「自分は親とのあいだにトラウマがあるけど、もう親から離れて、自分の足で立って暮らしているのだから大丈夫」と、何度も言い聞かせましょう。

このように、**自分に、「今は大丈夫」と言ってあげることで、心は少しずつ大丈夫と思い始めるし、トラウマが自分から離れていくようなイメージを持つだけでも、自分の気持ちが少しずつ軽くなってきます。**

直観ミラクルを起こすために、自分のトラウマと向き合うことが必要な理由が、もう１つあります。それは、トラウマのつらさから逃れるために得た、**「サバイバル技術」を見つけることです。**

ここで言うサバイバル技術とは、つらかった時期の記憶を全てなくしたり、自分の気持ちを表現しないようにしたり、愛情を与えることも求めることもしないなど、自分が傷つくと思われる行動を避けるためにする、特殊な技術のことです。このサバイバル技術は、自分を守るためには、とても有効な技術なのですが、一方で、本来の自分の姿をどんどん消してしまいます。

こうしたサバイバル技術は、長く使っていくことで、自分にとっては当たり前の行動となります。ですが、サバイバル技術を使い続けることで、自分のありのままの行動ができなくなるとか、他者との本当の愛のやり取りができないなど、実は、自分の問題を大きくしてしまう要因となるのです。

トラウマと向き合う時に、これまでに自分が得たサバイバル技術を見つけてください。そして、**そのサバイバル技術はもう要らないと自分自身に言い聞かせ、流してください。**

トラウマにはいろいろな形があり、誰もが持っているものなのです。繰り返すように、自分の魂が生まれる前に人生設計をする時、その魂が越えられないトラウマは設計しません。ですから、つらいトラウマであっても、私たちは必ずその壁を越えて、前に進むことができるのです。

トラウマを悲観的に考えるのではなく、トラウマが与えてくれている「意味」を考え、幸せになるための第一歩を踏み出しましょう。

第３の意味〈能力〉 経験を通して得た特技

Sense of Miracles 1

私たちの人生は、プライベートでも仕事でも、常に問題が起こるものです。問題が起こると、自分はなんて不幸なのだと考えがちですが、これは大きな間違いです。人生の中で起こる問題というのは、実は神様や守護霊が与えてくれている、自分を成長させるチャンスなのです。

例えば、ビジネスがうまくいかなくなり全てをなくしてしまった人が、必死に這い上がろうと、がむしゃらに行動したら、新しい資格や経験などを手にすることになって、面白い人脈も手に入り、新しいビジネスが大成功した、という話はよく聞きます。

または、人前で話すことが苦手で、必死に自分の苦手を克服しようとしたら、知らぬまに話のエキスパートとなり、人に話し方を教えるようにまでなるとか。あるいは、体調を崩してしまい、少しでも体調をよくしようと行動しているあいだに、食と健康のエキスパートになるなど。

このように人は、問題が起こることが大きな転機となり、これからの人生に必要な**「能力」**を手に入れることがあるのです。

つまり、何か問題が起こった時に自分が取った行動などによって与えられた能力を、きちんと自覚することが、直観ミラクルを起こすために必要となるのです。これらの**能力は、あなたの未来を切り開いていく時に、とても重要な武器となって働いてくれる**ようになるからです。


それではここで、今までの人生の中で、自分が問題や壁にぶち当たったと思うことを、紙に書き出してみてください。次に、その問題や壁にぶち当たった時に、自分がとった行動や学んだことを書いて、その行動や学んだことにより、成長したと思えることや、得た特技なども書いてください。以下は、Cさんの例です。

相談者Cさんの場合

①自分がぶち当たった問題や壁

＊会社に入社して3年間、仕事も人間関係も充実していたのに、急に異動命令が出て、仕事内容も人間関係も悪くなり、その会社で働き続ける意味を感じられなくなった。

②その時に自分がとった行動や学んだこと

＊転職しようと会社を探し始め、自分がやりたいと思う仕事をいくつか見つけた。

＊転職先の面接を受けることで、今の自分に足りないことがよく分かった。

＊ずっと気になっていた法律の勉強を始めた。

＊子供のころからやりたかった仕事を思い出し、その分野で就職活動をした。

③成長したことや得た特技

＊いろいろな会社の面接を受けることで、自分に合う仕事や会社がよく理解できた。

＊法律の勉強をすることで、物ごとへの考え方が大きく変わった。

＊転職することで、生活も大きく変わったし、自信が持てるようになった。

では、この3つのステップを、それぞれ詳しく見ていきましょう。

①自分がぶち当たった問題や壁

トラウマほど心を傷つけるものではありませんが、人生において問題や壁にぶち当たるのは、よくあることです。これらは、私たちが立ち止まって自分の立ち位置を確認する必要があったり、違う道を探して歩んでいかなければいけなかったりした時などに、抜群のタイミングで起こっています。

これは、神様や守護霊からのメッセージでもあります。ですから、落ち込んだりするのではなく、「神様や守護霊は私に何を伝えたいのだろうか?」と、自分のアンテナを強く張ることが必要になります。

このアンテナを強くする方法は、常に自分に対して「この問題の意味は何だろうか?」と、問い続けることです。そうすると、スピリチュアルなメッセージに対して、アンテナが大きく外に向かうようになり、メッセージへの感度が、どんどんよくなっていきます。

問題が起こる時というのは、今まである程度うまくいっていたのに、急に環境が変わったりする時なので、意識していれば「来た!」と確信できます。そして、これは自分自身の転換期でもあるので、落ち込んだり、自分や周りを責めたりするのではなく、ある意味、何が起こるのだろうと、ワクワクした気持ちで問題に向き合えばいいのです。

②その時に自分がとった行動や学んだこと

人生の中で問題が起こった時、人はなんとかそれを乗り越えようと、さまざまな行動をします。この、行動をするということは、とても大切なことで、行動することが、次のステップに必要な、さまざまな知識や気づきを与えてくれます。

もちろん、行動したこと全てが、よい結果につながるわけではありませんが、その行動全てが、自分にとってちゃんと大きな肥やしとなっているのです。ですから、行動しても結果が出ない時など、自分は何をやってもダメだと思ってしまいがちですが、心配しなくていいのです。それは自分には合わない、または、今は必要ない、ということが分かるだけでも、大きく前に進んでいるのです。

人生の中で転機がやってきている時は、ある意味チャンスです。自分がとった行動によって、どんな学びや気づきがあり、どのように自分が変わったか、よく考えてみてください。

③成長したことや得た特技

先ほどの相談者Cさんの場合、転職活動をすることで、自分が以前からやりたいと思っていたことに気づき、その方面の外資系企業で再就職が決まりました。自分が忘れかけていた夢を思い出したことも大きな気づきですが、転職活動をすることで、自分の短所や長所がよく分かったということも、大きな気づきです。

そして、転職した外資系企業に勤めたことで、英会話の力がブラッシュアップされたし、税金や働き方などの新しい知識も得ることができました。

このように、転機を受け入れて行動すると、その時には理解できていなくても、後で考えると、知らないうちに得ていた特技や知識があるものです。神さまや守護霊が問題にぶち当たらせる時は、後に手に入る特技や知識のことも、全て計算しているのです。ですから、問題が起こった時に、自分がどのように行動して、どんな経験を得て、どんな結果が出たのかを理解することは、自分の人生の流れを見る上で、とても重要なのです。

こうして注意深く人生の流れを見ていると、神様や守護霊が、どんな感じで私たちをサポートしているのかも理解できるし、自分の人生の流れにどんな傾向があるのかも分かります。この流れを読み、理解していくことが、直観ミラクルに大いに役立つのです。

第4の意味〈お役目〉この人生でやると決めてきたこと

Sense of Miracles !

スピリチュアルなことを学んでいると、自分の**「お役目」**を理解することが、とても大切であることが分かります。**お役目とは、魂がこの人生の中で、宇宙・地球・周りの人の役に立つ**

ためにしようと決めてきたことです。私たちの住むこの世界は、多くの魂が関わり合いながら成り立っていて、その魂どうしがどのように関わっていくか、また、自分のエネルギーによって、地球や宇宙までもがどのように影響されるのかということまで、私たちの魂は決めて生まれてきているのです。

ですから、自分のお役目を理解することは、自分の将来をどのようにしていくかという問いかけの答えにもなります。このようにお話しすると、自分のお役目ってすごく大きなものでなくてはいけないようにも聞こえますが、実は、けっこうシンプルなことだったりするのです。

お役目とはこんなもの

＊結婚して子供を育てること。親の面倒をみること。
＊区役所の受付で働き、多くの人のお世話をすること。
＊大好きな芸術を通して、多くの人を元気づけたり癒したりすること。
＊笑顔が素敵だねと言われるような人が、笑顔で周りの人を元気にすること。

このように、お役目というのは、大スターになるとか政治家になるとか、そういうものだけではなく、私たちが普通に生きているだけでも、お役目をちゃんと果たしていたりします。なにげなくしている仕事でも、それは自分の人生にとって大きな意味があり、そこには、自分だからこそできる何かが存在するものなのです。

自分のお役目を見つけるには、どうしたらいいの？

お役目とは、自分の**好き×得意×気になる**の3つが、かけ合わさったものです。

僕から見ていると、人の人生は自分のお役目に向かって、本人が意識をしていなくても、どんどん進んでいきます。ですから、宇宙が作り上げてくれている人生の流れに乗って行けば、自然と自分のお役目にたどり着けるのですが、ここで、社会の価値観や自分の間違った思い込みが、お役目にたどり着くのを邪魔したりすることがあります。

だからこそ、今までお話ししてきた、自分の人生を見直し、正しい人生の意味を理解しておけば、自分のお役目に早くたどり着くことができるのです。

自分のお役目にたどり着くには、とにかく**「好き・得意・気になること」**で**行動すること**です。私たちが行動すると、魂の成長はどんどん進んでいきます。そして、面白いことに自分のお役目は、この行動することで、どんどん形になっていくのです。そして、いったんお役目にたどり着いたと感じても、自分の人生のステップや成長に伴い、そのお役目の形は、どんどん変化していきます。お役目は、ほんと、死ぬまで追求していくものなのだと思います。

自分の〈お役目〉は…

自分の〈お役目〉＝気になる×得意×好き

では、お役目を見つけるための、**好き・得意・気になる**を、詳しく説明してみましょう。

「好き」と**「得意」**は、第1の意味で見つめなおした自分独自の強みです。この好きと得意は、自分の魂の中にある人生のプログラムの中で、目的を達成するのに必要となるために与えられたものです。ですから、この好きと得意を常に意識して行動していると、いずれ自分のお役目に到達するようにできています。最近は、「自分の好きを仕事にする」ということが幸せにつながるとよく言われますが、その理由はこういうことなのです。

では、それでも、好きを仕事にできない人が多いのは、どうしてなのでしょうか？　それは、自分の頭の中に、「好きを仕事にはできない」という考えがあるからです。

例えば、音楽で生きていくのは大変だという考えは、今も昔もよく言われることです。そして、音楽が好きで、音楽を仕事にして生きたいと強く思っても、周りの家族や友だちに無理だと言われたり、テレビで貧乏な暮らしをしている音楽家を見たりすると、「やはり自分には音楽で生きていくことは無理だ」という思考回路が確立してしまうのです。

このように、いちど自分の思考回路が確立してしまうと、「音楽では成功できない。音楽でお金を稼ぐことはできない」という考えが生まれ、その考えによって、自分自身から出るエネルギーが音楽で生きていけない人生を作っていくのです。

また、自分の「得意」も、自分の頭にある考えと現実のあいだにギャップができることがあり、これが、お役目にたどり着くまでに遠回りさせることがあります。その代表的なギャップというのは、自分の得意が、自分にとってあまりにも自然なこと過ぎて、得意と気がつかないというパターンです。

自分の得意なことは、意外と周りの人の意見を通して守護霊たちが教えてくれています。自分が周りの人からよく言われる、「そこがすごいね」とか、「〇〇が上手だね」というのは、まさに、守護霊があなたに伝えたい、あなたの得意なのです。この自分の得意を見落とさないで、自分の頭の中にインプットしておいてください。

「気になる」は、魂が示している**「未来への誘導」**です。自分の気になるは、次のステップに必要な何かを教えてくれているので、それについて調べたり、体験したりしてみることを通して、どう必要なのかを確認することが大切です。

私たちの気になるも、人生のステップが進んでいくと、それに伴いどんどん形を変えていきますが、それでいいのです。いろいろなことに興味がありすぎて、何をしたらいいのか分からないという人もいるでしょうが、1つのことに絞る必要はなく、全てを確認することで、得ることがたくさんあるのです。全てのことが、あなたの未来に関わるかもしれないのです。ですから、自信をもって、いろいろなことに挑戦してみてください。

このように、**好き・得意・気になるによって行動し続けると、自分の行動を喜んでもらえたり、感謝されたり、応援してくれる人が出てきたりします。**

これが、あなたのお役目です。このお役目が見えてきたら、迷わず突き進んでください。お役目というのは、人生の中で1つというわけではなく、いくつか存在することもありますし、時間が経てば少しずつ変わったりすることもあります。それは、そのまま柔軟に変化していけばいいのです。

お役目は、あなたに感動や充実感、喜びなどを与えてくれます。もちろん、お役目によって行動していても、大変なことにもぶち当たります。でも、そこをあえて前向きな気持ちで楽しむように進んでいけば、必ず、よかったと思える経験とつながるのです。

いま僕が感じている自分のお役目は、やりたいことや楽しいことを通して、多くの人に元気パワーを送ることです。

その方法は、スピリチュアルなこと、カウンセリング、メディアでのお話、筆アート、ピアノの弾き語りや、単にご飯を食べながら話すことであったりもします。

このように、自分のお役目は、「こんな感じ」という広範囲なものでも大丈夫なのです。もちろん、細かいお役目でもいいのですが、ある程度大きな範囲でお役目を見たほうが、自分も柔軟に、広く行動ができて、自分自身に小さな枠を作らなくなるのでお勧めです。

自分のお役目を知りたいと言われる方はたくさんいますが、このようにして、ぜひ、自分のお役目を探してみてください

直観ミラクルはこんな感じで起こる！

さあ、それでは人生の見直しができたところで、どんなふうに直観ミラクルが起こるのか、お話ししましょう。

このように人生の見直しをすると、どんどん自分の強みや進むべき道が見えてきます。

コロナで僕の人生が大きく変わった時も、以下のように人生を見直したり、行動したりしたことで、自分に必要な結果がどんどん出てきました。少し繰り返しになりますが、あらためていくつか、ご紹介しましょう。

＊メディアを使ってスピリチュアルなメッセージを伝えたいと考え、始めたYouTubeは、収益化も達成できたし、話す練習にもなったし、多くの人に僕の存在を知ってもらうことにもつながりました。

＊不動産が大好きで勉強していたことが役に立ち、賃貸物件を購入。これで、生活に余裕ができ、自分らしい生き方を目指す上で、とてもよい環境ができました。

＊自分らしい表現方法として始めた「スピリチュアル筆アート」は、毎日描くことでどんどん自分らしいスタイルが確立されてきたし、多くの方に見ていただけるようにもなりました。

＊2冊目の本を出版したいと思って企画書をいろんなところに送り、いくつかの出版オファーをいただきましたが、結局、全然違うところから本を出版することになりました。

これらは、コロナで仕事をなくした時、必死で自分自身を見直したことで、たどり着いた結果です。僕が、この時とった行動は以下のようなものです。

まずは、自分の人生を見つめ直し、自分には何が向いているのか？　何をしたいのか？　ということに注目をして、よさそうだと思う行動を始めます。

この時、普通では考えられないほど物ごとがうまく進むこともあれば、なかなか進まないこともあります。うまく進む時は、今のあなたにとって、タイミングよく起こっていることなので、そこを活かしながら、もっともっと行動していきます。

そして、なかなか進まない時は、いったん立ち止まり、自分自身を見直すのです。考え方や行動を変えて、もういちどやり始めてもいいし、全く違うことを始めてもいい。大事なことは、自分にとって必要かどうかということは、自ら行動しないと分からないということなのです。

このように行動を続けていると、自分の忘れていた好きやトラウマなどが、どんどん思い出されてきます。この自分の好きや、トラウマを越えたことで得られた特技を、どうにかしてこれからの人生に使いたいと、周りにある情報に意識を向けながら考えていると、ふと自分の中に「これだ！」というアイデアが浮かんできます。これは、言葉とか映像で見えたりするほかに、なんとなく感じる、という方法でも起こります。

このアイデアが、**直観**と呼ばれるものです。

この直観が来た時に大切なことがあります。その直観が、自分の魂から来ていることを確認してください。アイデアが自分の外（街の看板や会話など）から来ているのではなく、内側（胸や第3の目あたり）から溢《あふ》れてきているなら、それはあなたの魂からのメッセージです。

自分のアイデアがどこから来ているのかを知るためには、アイデアがやってきたエネルギーの「方向」を感じてみてください。そうすることで、そのメッセージが来ている方向が分かるようになります。自分の外から来ているものは、宇宙や守護霊などからであり、胸や第3の目のあたりから来ていれば、魂からのメッセージとなります。これは、慣れれば簡単に感じられるようになります。

そして、先に説明した自分の人生の見直しをしていることで、魂と、あなたの頭の中にある情報の誤差が少なくなり、直観から来るメッセージへの理解度が高くなります。ここまでくれば、自分に必要な情報を、素早くキャッチできるようになるでしょう。

このように人生の見直しと行動をしていると、直観ミラクルのパワーが、どんどん強くなってきます。自分に必要な直観が来た時は、点と点がつながって線となるように、ビビビッ！と体に衝撃が走ったり、胸のあたりがワクワクする感じがしたりします。実は、このワクワクする感じが、自分の魂がゴーサインを出してくれている時なのです。

私たちは、**自分の胸のあたりの感覚を使って、いま考えていることが、正しいのか違うのかということを、魂に確認することができるのです。**

その方法ですが、まずは自分の胸のあたりに意識を向けて、正しいか正しくないのか質問をします。すると、正しい時は胸のあたりがスッとして、私たちがよく言う「腑《ふ》に落ちる」感覚がします。反対に、正しくない時は、胸のあたりがモヤモヤしたり、スッキリしないような感じがしたりします。こういう時は、もういちど見直してブラッシュアップしたほうがいいとか、今はその時期ではないとか、やめておいたほうがいいということになります。

直観ミラクルを起こすためには、この、スッとして腑に落ちた感覚がした方向に、どんどん進んでいくクセをつけなければいけません。もし、自分の腑に落ちる感覚に自信が持てなかったら、何回も繰り返し練習してみてください。練習すればするほど、この感覚が分かりやすくなりますし、結果が伴ってくると、この感覚は正しいのだと、さらに確信へと変わり、判断に自信が持てるようにもなります。

自分の直観に従って行動した時、すぐに大きな結果につながることがあります。

これが、**直観ミラクル**です。直観ミラクルは、いま進んでいる道は、あなたにとって正しい方向だということを、宇宙パワーが教えてくれているのです。

このように、直観ミラクルが働き始めると、自分では想像もつかなかった大きな結果が生まれ始めます。これは、人生の見直しをすることで、人生の流れに上手に乗っている証拠なのです。物ごとが順調に進んでいる人は、この直観ミラクルを上手に使っている感じがします。

何度も言いますが、**直観ミラクルは誰にでも起こります**。人生の見直しをして、直観が降りてきたら、迷わず行動して進むことを続ければいいのです。

人生の見直しも、今までの人生全てをキッチリする必要はありません。自分の人生の中に起こった大きな問題や転機などを中心に見直し、なんとなく自分のことを理解できている、そんな感じで十分です。慣れてくれば、短時間でできるようになりますし、直観を行動に結びつける感覚も分かりやすくなってくるので、安心してください。

私たちの中には、自分の夢を叶《かな》えたり、億万長者になったりするために、勉強して必死に行動している人がたくさんいます。でも、なかなか思うように人生が拓けない人が多いのも事実です。そんな人がおちいりがちで、気をつけたほうがいいことがあります。それは、すでに夢を叶えた人や億万長者になった人からの教えを、そのまま真似《まね》することです。

成功している人の考え方や行動は、もちろん参考にしたり、真似してみたりすることも大切なのですが、人生の見直しをして自分なりのやり方が分かった時、成功している人（他人）と自分のやり方とのあいだには、どうしてもギャップが出てきます。

そんな時は、**魂から来ている、自分らしいやり方を重要視するべき**なのです。そうすると、結果を出すのにある程度の時間はかかるかもしれませんが、結局はそれが、自分らしい成功を探すための近道となるのです。逆に、成功者の真似をしながら自分の魂の声を無視すると、自分の本当の幸せから離れていきます。なので、成功者たちのアドバイスは、あくまで参考として、最終的な答えは、自分の魂から探しましょう。

直観ミラクルを起こすには、人生の見直しがとても大切です。直観を受けにくいとか、自分の欲しいものがハッキリしない時などは、何度も、この人生の見直しを繰り返してみてくださ い。問題解決に必要な自分の人生の意味を直観が教えてくれた時には、直観に従い、行動してください。行動することで、あなたの人生は、少しずつ変化していきます。諦めずに、「何かいいことが起こるかも？」と思いながら、楽しんで行動してください。

皆さんに直観ミラクルが起こって、本当に幸せと感じられる日々が、やってくることを祈っています。

Akira's Summary

直観ミラクルを起こすため、人生の「4つの意味」を見直そう！

第1の意味〈強み〉
あなた独自の興味や特徴は何ですか？

第2の意味〈トラウマ〉
3つのステップでトラウマを解消しよう

第3の意味〈能力〉
あなたが経験から得た特技は何ですか？

第4の意味〈お役目〉
この人生でやると決めてきたこと

SENSE OF MIRACLES!

第3章

直観ミラクルに必要な「魂とのつながり」

「魂とのつながり」を強くする方法

直観ミラクルを起こすために、もう1つ必要なことがあります。
それは、**自分の魂とのつながりを強くしておくこと**です。魂と強くつながることで、魂が何をしてほしいのかが、よく理解できるようになります。そうすることで、人生のかじ取りをしてくれている魂と、二人三脚で進んでいくことになり、直観ミラクルを加速させることができるのです。

この章では、魂と強くつながるためにできることを、いくつかご紹介します。

また、今からご紹介することは、魂と強くつながるだけではなく、自分の気持ちを落ち着かせたり、エネルギーを強くしたりすることもできます。

平常心を保つ

直観の感度をよくするには、平常心を保つことがとても大切になります。

直観が送ってくるエネルギーは、とても小さいもので、心の中が乱れていると、そのエネルギーに気がつくことができません。これは、風がなく池の水面が全く揺れていないところに枯れ葉が落ちると、水面が小さく揺れることが分かるのと同じです。反対に、風が強くて水面が揺れていると、枯れ葉が落ちたことには気づかないでしょう。これと同じことが、心の中にも起こっているのです。

私たちが暮らしているこの社会は、さまざまな情報が飛びかい、多くの人が関わり合いながら生きているため、知らないうちに心が乱れているものです。心が乱れてしまっている人には、こんな傾向があります。

＊小さなことでイライラしてしまう
＊何をしていても不安に感じる（幸せに感じない）
＊他人の目が気になり自分らしさを出せない
＊自分が何をするべきなのかが分からない

このようなことが2つ以上ある人は、心が乱れている状態になっている可能性が高く、本来の自分の生き方や考え方ができていません。そして、直観としてメッセージを受けていても、気づきにくい心の状態になってしまっているのです。

この4つの傾向は、心がどのような状態になっているのか、見ていきましょう。

こんな傾向がある人は、心が乱れていて、直観からのメッセージに気づけないかも…

小さなことでイライラしてしまう

何をしていても不安に感じる（幸せに感じない）

他人の目が気になり自分らしさを出せない

自分が何をするべきなのかが分からない

小さなことでイライラしてしまう

小さなことでイライラしてしまう人には、２つの理由があると思います。

１つは、心に余裕がなくなってしまっていること。もう１つは、自分の固定観念が小さい枠組みになっていて、その固定観念の枠の外にいる人は全てダメ、という思考回路になってしまっていること。

イライラしている人というのは、心に余裕がない状態になっている証拠です。仕事に追われているとか、何か問題にぶち当たっている時など、心に余裕がないと思われる時には、他人を責めたりする前にまず自分自身を見直すべきです。

イライラしている時に生まれるエネルギーは、怒りのエネルギーです。そして、イライラする時間が長くなれば長くなるほど、自分の中にネガティブな怒りエネルギーを溜めてしまいます。怒りエネルギーを多く持っている人は、周りの人をネガティブな気持ちにするし、自分の体調を崩してしまうことにもつながります。

また、自分の固定観念でしか周りの人や環境を見ることができない人は、あらゆることに批判的な考えを持ち、同じように、怒りのエネルギーを自分の中に溜めることになります。

イライラしていると感じたら、深呼吸をして、怒りという感情を持ちながら思考している自分を止めてください。売り言葉に買い言葉と言いますが、ムカッとしてから会話を始めると、必要以上に熱くなり、余計なことを言ってしまいます。家族や恋人どうしであれば、この傾向がより強くなります。ムカッときたら、まず深呼吸をしてください。それから話を始めることで、要らないトラブルを避けることができます。

何をしていても不安に感じる（幸せを感じない）

僕のところに相談にこられる人の中には、いつも不安に感じているとか、自分を幸せだと感じられないと言われる方が、けっこういらっしゃいます。

こういう人は、自分らしく生きるというよりも、周りの人と同じように生きなければいけないという、強い考えを持っていて、自分の魂の声とのギャップに苦しんでいる感じです。その結果、どう行動すればいいいか分からなくなって、焦《あせ》る気持ちも出てしまいます。

こういう人は、まず、何も特別なことをしなくてもいい、ありのままの自分でいいのだと、自分に言ってあげてください。そして、ほかの誰かと比べることも、大きな幸せを手にすることも、必要ないのだと自分に言ってあげてください。私たちは、ありのままの姿でいるだけで、幸せなのです。そして、このありのままの姿とは、直観ミラクルが起こっている時の自分です。

他人の目が気になり自分らしさを出せない

他人の目を気にしすぎる人も、自分らしく生きられていません。そして、子供のころの経験などから、常に自分は他人から悪く見られていると、強迫観念のようなものを持ち続けていることがあります。

こういう人は、何らかの理由で、自分に対する自信がなくなっています。その自信をなくす原因とは、親からいつも「お前は何をやってもダメだ」と、強く言われていたからかもしれないし、特に何の問題もなかったのに、自分自身で「自分はダメだ」と、思ってしまったからかもしれません。

こんな人も、まずは自分の好きを見つけて、行動しましょう。先にも書いた通り、自分の好きは、魂が望んでいる生き方です。その好きを見つけて行動することで、私たちは喜びや自信を少しずつ得ることができるのです。そんなことの積み重ねで、人は大きく変われるのです。

自分が何をするべきなのかが分からない

自分の将来に対してやりたいことがないとか、趣味すら見つからないということは、僕のところに相談にこられる人からも、よく聞きます。

こういう人は、ぜひ、先ほどの**「人生の見直し」**をしてみてください。そうすると、少しずつですが、自分が楽しいと思えるもの、興味あるものが見えてきます。

そして、そんな何かが出てきたら、インターネットで調べるとか、友だちに話すとか、小さな行動をしてみましょう。すると、自分の中や周りにあるエネルギーが変わってきます。この積み重ねが大切なのです。焦らずに、自分のペースで動いてみてください。

そして、何も見つからない、何も変わらない時は、そんな、何もない自分を楽しんであげてください。何をするべきか分からない時は、何もしなくていい時期なのかもしれません。何かを探さないといけない、と考えると、見つからない自分に焦りを感じ始めます。ですから、探してみて、行動して、見つからなければ、そんな自分を楽しめばいいのです。

次に、**平常心を保つための、最強の２つの考え方**をご紹介します。

①全てのことは完璧に起こっている
②自分も周りの人もジャッジしない

この2つの考え方は、スピリチュアルを理解する上でも、自分を幸せにするためにも、最も大事な考え方です。僕は、この考え方を理解したことで、人生の見方が大きく変わり、自分の気持ちも安定しました。

①全てのことは完璧に起こっている

これは、**私たちに起こることは全て、宇宙の仕組みや、神様や守護霊などの助けによって、必然的に起こっている**ということです。

世の中には、問題だと思えるものや、不幸だと感じることも多く起こりますが、それはタイミングも形も完璧な状態で、必要なことが起こっているのです。もちろん、ラッキーなことや、感動するというようなことも同じです。

例えば、私たちは健康でいたいと誰もが望みますが、どんなに健康に気をつけていても、病気になってしまうことがあります。それが深刻な病気であれば、どうして自分はこんな不幸になるのかと、人生を恨み、落ち込んでしまうこともあるでしょう。でも、起こることには意味

平常心を保つための、最強の考え方

1　全てのことは完璧に起こっている

2　自分も周りの人もジャッジしない

が必ずあり、あなたがその意味を理解すると、病気も存在する必要がなくなって、健康に戻るのです。これが、宇宙の法則なのです。

その病気の意味とは、立ち止まって休みなさいとか、人生を見直しなさいという意味かもしれません。また、宇宙が私たちに伝えようとしているメッセージを、病気から読み取ることもできます。

スピリチュアル的に、体のどの部分の調子が悪くなるかということで、自分の中で何が起こっているのかが分かるのです。

体からのメッセージは、こんなのものです

＊**頭や首**にトラブルのある人は、考えなければいけないことや、やらなければいけないことがたくさんありすぎて、エネルギーが爆発しそうになっているように見えます。要らないものは、自分の思考から手放すとか、紙に書いて視覚的にも整理すること

などで、楽になれます。

＊肩にトラブルがある人は、責任をどんどん背負っていってしまい、肩の上に、多くの抱え込んだ責任が見えたりします。仕事、両親やお墓の世話などでも、できないことは「できません」とハッキリ言うとか、誰かほかの人に頼むなど、自分で多くのことを抱え込まないようにしましょう。

＊喉にトラブルがある人は、第5の喉チャクラが関わっています（チャクラについては後で詳しく説明します）。自分の考えを他人に言えずに飲み込んでしまうとか、誰かに考えを押しつけられて愚痴や文句がたまるなど、コミュニケーションがうまくできていない人は、喉のあたりのエネルギーが曇ったように見えます。自分の気持ちや想いは、言葉をちゃんと選びながら、できるだけ周りの人に伝えるようにしましょう。

＊胃や腸にトラブルがある人は、ストレスのエネルギーが溜まっているかもしれません。胃や腸のあたりには、ストレスのエネルギーが溜まりやすいのです。

胃や腸のトラブルがある時は、深呼吸をするとか、自然と触れ合う時間を取るなど、意識的にストレスを発散させましょう。その他に、汗をかくことをお勧めします。軽い運動をして汗をかくとか、サウナやお風呂に入って汗をかくのも、体の中にたまったストレスのエネルギーを、簡単に発散することができます。

＊**腰**にトラブルがある人は、怒りや不安などのエネルギーが、腰に溜まっていたりします。面白いのは、腰が痛いと上半身を前にかがめたりすることから、感謝の少ない人は腰が痛くなって、お辞儀の体勢になるのだと言われたりもします。

腰は、体の中心部分であり、丹田《たんでん》（おへその下3センチあたり）という、スピリチュアル・エネルギーの入れ替えをする大切な部分でもあります。

腰のトラブルを少なくするには、自分の怒りや不安に気づくこと、怒りや不安は自分が作っていることに気づくこと、そして、丹田を意識して深呼吸するという、3つのことをお勧めします。

腰が痛い人の中には、股関節あたりのエネルギーの流れが悪くなっているように見える人もいます。特に男性は、体が硬い人も多いので、股関節あたりのストレッチをするとか、軽くリンパマッサージをして血流もエネルギーも流れやすくしてあげることがいいと思います。

＊**足**にトラブルがある人は、今やっていることをやめるとか、自分の足元（自分の立ち位置）を見直さないといけない、というような意味があります。自分が進もうとしている道の見直し

や、これから関わろうとしている人の確認、手放さなければならない何かがあるなど、もういちど、自分のやっていることの見直しをしてみてください。

このように、体にトラブルが発生する時は、スピリチュアル的なメッセージが来ている可能性があります。もちろん、これが全てではありませんし、要素が複雑に絡み合っていることもありますが、トラブルの意味を理解するための参考にしてみてください。

そして、これらは医学的根拠に沿ったものではありませんので、体に問題がある時は、きちんと病院で診察を受けてください。その上で、病気が教えてくれるスピリチュアル的なメッセージも、参考にしてほしいと思います。

私たちの体の中で全てのことに意味があって起こっているのと同じように、私たちの周りや地球、そして宇宙までもが、完璧な状態で、意味を持ちながら存在しています。

これはどういうことかというと、人生の中でトラブルが起こったり、悲しい出来事があったりしても、それは「悪いことが起こっている」のではなく、そこには必要なメッセージがあり、人生の次のステップに進む準備が整ってきているということなのです。ですから、落ち込んだり、悩んだりするのではなく、事実をありのままに見て、自分に必要なメッセージを受け取ればいいのです。悪いことも完璧に起こっていると思えれば、怒ったり不安になったりする必要はないのです。

例えば、生活が安定していたのに、急に仕事を解雇されたとします。このように、自分から辞めるのではなく、宇宙がそう導いているように見える時は、次のステップに進む準備が始まっているのです。急に仕事を解雇されるというのは、ショッキングなことではありますが、落ち着いて、「宇宙が自分に伝えたいメッセージは何か？」と考えながら、行動してください。自分にとってショッキングな出来事であるほど、人生の大きな変革が起こっています。それだけ、乗り越えた時に得る喜びが大きいということです。

全てのことは完璧に起こっている、ということを、完璧には理解できなくても、「なんとなくそうなのだろうな」と自分の中で思えるようになれば、ちょっとした問題や変化に対しても自分の向き合い方が変わり、不安な気持ちが少なくなっていきます。そして、もっと理解が深まれば、次に何が起こるのかという、ワクワクした気持ちにさえもなれます。

このように、全てのことは完璧に起こっていると人生を考えられるようになれば、周りの出来事に大きく左右されない平常心が生まれてくるのです。

②自分も周りの人もジャッジしない

平常心を保つために最も効果があるのは、この、ジャッジ（判断）しないということです。

これを、先ほどの「全てのことは完璧に起こっている」ということを理解してからやってみると、さらに効果が期待されます。

私たちは、起きているあいだ、ずっといろいろなことをジャッジしています。それは、周りの人の考えや行動に対してであったり、時には自分自身の性格や行動などに対しても、ジャッジしています。そして、ジャッジする時はたいてい、批判的でネガティブなエネルギーを生むので、自分のエネルギーがどんどんネガティブになっていきます。

例えば、僕が航空会社の客室乗務員の仕事をしていた時、お客様が飛行機に乗ってくる搭乗時間の僕のジャッジは、かなりひどいものでした。

エコノミークラスであれば、300人以上のお客様が、わずか40分くらいで席に着きます。国際線だったので、自然と荷物も大きくなるし、サービスの準備にも時間を取られます。そうすると、僕の心の余裕がなくなってきて、お客様の行動をジャッジしまくり、イライラがマックスになります。

そうすると、お客様が友だちと話していて後ろの人の移動を邪魔したり、頭上の棚に荷物を上げたり下ろしたりを繰り返したり、勝手に自分の座席を変えて何度も他のお客様の邪魔になっていたりなど、ムカッとする行動をしている人が、どんどん目に入ってきます。

でも、冷静に考えてみると、誰かがこれらの行動をしていても、大幅に便が遅れるわけでもないし、僕に直接迷惑をかけているわけでもありません。自分に余裕がなくなっているから、自分の物差しで他人の行動を見てしまい、どうしてもっと出発を早くする行動ができないのだろうかとか、どうして周りの人の迷惑になることをするのだろうかなど、ジャッジして、イライラしているのです。

このように、人は、本来どうでもいいことや、どうしようもないことをジャッジして、自分の中に怒りエネルギーを生んでしまいます。その結果、この自分の中に発生する怒りのエネルギーは、自分の気持ちをネガティブにして、不幸エネルギーを生むのです。

そして、驚くことに、こうしたジャッジを他人だけではなく、自分自身に対してもやってしまいます。どうして自分はダメなのか、というように、自分自身すらもジャッジしてしまうのです。自分自身をジャッジすれば、他人をジャッジした時と同じように、自分の中に怒りや不安などのネガティブ・エネルギーを生みます。

ここで、全てのことは完璧に起こっているということを、思い出してください。周りの人の行為も、自分のダメなところも、全ては完璧な状態で起こっているということを理解できれば、起こっていることに、いちいち怒りを持つのではなく、淡々と、どうするべきかを考え、行動できるようになります。

この、ジャッジすることをやめるには、以下の2つのステップがあります。

*まずは自分がジャッジしていることに気づく

私たちは、無意識のうちにジャッジをして、自分の中にイライラや怒りを溜めてしまいます。人が1日に行うジャッジの数は、とても多くて、びっくりするくらいです。まずは、「自分がジャッジしている」ということに気づくことが、それを改善していくための重要なポイントになるのです。

*ジャッジをやめて、いちど持ったネガティブな気持ちを手放す

何かをジャッジして怒りを持った時、そのジャッジしたことのほとんどは、自分には直接関係がなかったり、それほど重要でなかったりします。そういうことに、いちいち腹を立てたりする必要はないのです。そういうことは、神様にまかせるような気持ちで、自分の頭の中から取り除き、持ってしまった怒りのエネルギーは、深呼吸と一緒に吐き出して手放しましょう。もし、ジャッジして怒りを持った相手が、本当に悪いことをしていたら、神様がちゃんと罰《ばつ》を与えてくれます。罰を与えるのは、私たちではないのです。

こうしたことも、最初は難しいのですが、3カ月くらい経つと、だんだんジャッジする数が

減ってきます。そうすると、少しずつですが、自分の中に平常心が生まれてくるのです。

平常心を保つことができれば、直観が来た時に気づきやすくなり、直観ミラクルも起こりやすくなります。そのことは、自分への自信や、幸せな気分にもつながっていきますので、ぜひ、試してみてください。

エネルギーを感じて情報を得る

Sense of Miracles !

スピリチュアルな世界は、全てがエネルギーでできています。目には見えませんが、人のオーラや魂からのメッセージも、全てエネルギーです。

昔々、言葉が存在しなかった時代は、人は松果体（第3の目）で第6感を働かせ、意志を伝え、会話をしていたと言われています。ですが、現在の人は、言葉を使って会話ができるようになったために、第6感を使う必要がなくなり、その働きは退化していったと言われています。

ですから、松果体（第3の目）を再び活性化させれば、昔の人たちのように、誰でもスピリチュアルなエネルギーを感じたり、人の気持ちや周りの状態を感じたりすることができるようになるのです。

では、松果体（第3の目）を活性化させるには、どうしたらいいのでしょうか？

松果体（第3の目）を活性化させるには、いろいろな方法があります。僕の前著『守護霊リーディング』でご紹介した、**「第3の目のトレーニング」**のような方法を使って活性化することもできますし、もっと簡単に、自分の周りにあるエネルギーを感じようと意識するだけでも、感度がよくなり、自分の感覚は大きく変わっていきます。

例えば、人は初めて会った人に対して、意識しないうちに、その人のエネルギーを感じて、どんな人なのかと判断したりしています。そして、この人は信用しても大丈夫だと判断すれば、少しずつ心を開いていきますし、信用できないと判断すると、少し距離を置いたりします。こういうことは、知らないうちに誰もがやっていることなのです。これが、私たち霊能者がやっている、エネルギーを感じるということの基本です。

では、簡単にエネルギーを感じることができる方法をお教えします。

①人のオーラを想像して、そのエネルギーに注目する

まずは、人のオーラを意識してみてください。オーラというのは、魂から出ているエネルギーのことで、練習をすれば見えるようにもなりますが、エネルギーを感じる練習には、オーラが見えなくても、意識することができれば大丈夫です。人の体から出ているオーラがあると想像し、そのオーラと自分のオーラが重なるとイメージしてください。

②相手のオーラからエネルギーを感じる

オーラが重なると、自分のオーラの中に入ってきた相手のオーラのエネルギーを感じて、違和感を覚えたりします。これが、スピリチュアルなエネルギーを感じるという、初歩になります。この違和感は、温度で感じることもありますし、圧迫感のようなもので感じることもあります。エネルギーとしては、とても微妙な強さなので、静かな気持ちでエネルギーを感じてみてください。

例えば、電車に乗っている時、急に後ろが気になって振り返って見ると、後ろの人と目が合うことがあります。そういう時は、その人のオーラが自分と重なり、その人のちょっとした意識が自分に向いたことで、エネルギーをキャッチして、後ろが気になったのです。これが、エネルギーを感じるという感覚です。

③感じたエネルギーから情報を読み取る

エネルギーを感じたら、次は自分の魂に聞いてみてください。胸のあたりにある魂に意識を向けて、このエネルギーはどんなものなのかと、問いかけてみるのです。最初のころは、正しいか正しくないかというように、2択の質問を投げかけると、答えを受け取りやすくなります。

2択の質問の答えは、腑に落ちるという感覚を使って得られます。これは、胸のあたりに意識をして質問をすると、胸がスッとして腑に落ちる感覚がします。この腑に落ちた時の答えは、質問に対するGOサインです。反対に、胸のあたりがモヤモヤする時は、正しくないか、見直す必要があるという意味になります。この、腑に落ちるという感覚は、とても便利な方法で、僕もカウンセリングをする時に、よく使う手法です。練習すれば、どんどん上手に使えるようになり、自分の判断の確信にもつながりますので、ぜひ試してみてください。

世の中の常識を疑ってみる

Sense of Miracles 1

世の中には、意図的に作られた常識や情報がたくさんあります。私たちは、その意図的に作られた常識や情報を信じて行動し、間違った方向に進むことがあります。

例えば、結婚適齢期を過ぎても結婚相手が見つからず、焦ったり不安になったりして、僕のところに相談にこられる方がたくさんいらっしゃいます。

結婚適齢期とは、子供を産んで育てることを考えると、この年ごろで結婚するのがよいとされる、昔からの考えなのだと思います。しかし、そこに、早く結婚をして一人前になってほしいと思う親の気持ちや、若い人の結婚を促したいブライダルビジネスの人たちの思惑も加わり、常識が意図的にコントロールされます。そして、私たちはその意図的な常識が全てだと勘違いして、自分も常識通り行動しないといけないと、振り回されてしまうようになるのです。この状態では、直観ミラクルは、なかなか起こりません。

スピリチュアル的に見ると、結婚をすることが人生の目的として生まれてくる人もいれば、結婚をしない人生を歩むことを目的として決めてくる人もいます。それに、ある程度の年齢を重ねてから結婚することになっているという人も、たくさんいます。このように、みんながみんな同じ時期に結婚をしなければいけないというような決まりは、スピリチュアルな世界にはありません。

常識と言われるものに悩んでいるとか、常識とされる考えに違和感を持った時は、まず、世の中の常識を疑うべきです。常識だから正しいという考えを捨てて、「自分にとっての本当の『正しい』は何か？」という思考回路に、転換することが大切です。

自分にとって何が正しいのかを知ることは、**「頭で考えないで心で感じること」**で解決します。自分の魂に、答えを聞いてみるのです。

世間の考え方に違和感があるとか、共感できないというのは、本来自分が必要としていることと、そうした常識とのあいだに、ギャップがあるからです。親や社会に植えつけられた頭の中にある情報で判断するのではなく、心（魂）に聞いて判断しましょう。そうすれば、自分にとっての正解が見つかり、常識に振り回されるという悩みは減っていくのです。

この、「頭で考えないで心で感じること」は、人を判断する時にも役立ちます。

私たちは、ビジネスで成功しているとか、高級な外車に乗っているというような情報で、その人はすごい人なのだと判断することがあります。でも、フタを開けてみると、傲慢な人だとか、詐欺を働く人だった、ということはよくあります。自分が傷つく前に、ちゃんとその人の本質を見極めたいですよね。

人間関係でのトラブルを避けるには、誰かと関わる時に、その人が自分にとって必要な人なのか、信じてもよい人なのかということを、魂に聞いて確認してみてください。

人間関係で何らかのトラブルが起こった時、実はトラブルが起こるまでに、何かおかしいと感じていたという人は、けっこう多いものです。私たちは、知らないうちに相手のエネルギーを感じているという証拠です。人のエネルギーから得る情報を理解して、トラブルのない生活をするために、頭でなく心で感じるということを、どうか続けてみてください。

ここでもう1つ、常識に関わる大切なことについてお話しします。

僕のところに相談にこられる人の中には、親や社会から与えられた常識に強く影響され、自分の常識の枠が小さくなり、その枠から外に脱出できないという人が、たくさんいます。

こういう人は、子供のころに、親が自分の考えを子供に押しつけるなど、外部から強くコントロールされて、自分の常識という枠組みを作り始めます。そして、この枠組みがあまりにも強力すぎると、大人になっても、この小さな枠の中だけで生きようとします。この状態になってしまうと、自分の枠の外に出ることに恐怖心を持って行動ができないとか、自由に生きたいと思いながらも枠の中だけでしか安心できないので、自由な発想を持てないということになります。

自分の常識の壁が、小さく頑丈に作られていると感じて、この壁を壊したいと思うなら、あえて、やってはいけないと思うことにチャレンジしてみてください。やってみたいと思っていたけれど、やってはいけないことだと信じて諦めていたことに挑戦することで、この壁が少しずつ崩れてくるのです。

常識というのは、社会の中で多くの人が一緒に生きていく上で必要なものではありますが、それが全てであると考える必要は全くありません。自分がどうしたいかと考える時は、自分の考える枠組みをいったん外して、自分の心（魂）に聞いてください。そうすれば、自由な自分を見つけることができます。

グラウンディング（地に足をつける）

Sense of Miracles 1

スピリチュアルな世界では、グラウンディングという、地球とつながり、そこからパワーをもらう方法がとても大切です。最近は、特にこのグラウンディングの重要さが、再認識されるようになってきました。一般的にも「地に足をつける」とよく言いますが、私たちのエネルギーは、地球としっかりつながることで、強く安定したエネルギーになるのです。

グラウンディングが必要とされる理由は、以下の2つです。

①私たちの生活は、さまざまな情報や環境が交わっていることで、人は常に忙しく考え、行動しています。このように忙しい生活を毎日送っていると、頭で考えることが多くなり、意識が頭に向かうことが多くなり、どんどんエネルギーが「浮いた」ような状態になってしまうのです。この状態になると、自分に自信がなくなったり、何をしてもうまくいかなかったりというように、自分のエネルギーがどんどん弱くなってしまいます。

②最近は、地球のエネルギーを少しずつよくするためにこの世に送られてきたという魂が、たくさんいます。そして、その魂は、さまざまなスピリチュアル世界への興味を持ち、活動しているのですが、スピリチュアルな世界に生きる人というのは、どうしても意識とエネルギーが、上に向かってしまいます。スピリチュアルに生きている人が、少し現実離れしたような人になる傾向があるのは、これが理由です。

ですが、この世に送られてきた魂は、この地球でしっかり根を張り、今この瞬間を精一杯、生きることが必要なのです。そうすることで、自分のエネルギーを強くして、この地球上に存在する全てのものに、よい影響を与えられるのです。

私たちは、気づかないうちに、地球から多くのエネルギーをもらっています。魂が地球からのエネルギーを補充する時など、たまに、そのエネルギーの流れを感じることがあります。僕の場合は、足にしびれを感じたり、急に体が熱くなったりすることがあります。体の調子が悪いのかと思い、病院に行って調べてもらっても、どこも悪くありません。こういう時は、強いエネルギーが入っている時であり、そのエネルギーの流れを、微妙にですが感じているのです。

地球からエネルギーが入ってきた時、体の中で感じやすいところがあります。それは、第1チャクラです。チャクラとは、目には見えませんが、私たちのエネルギーの入れ替えをしている場所のことで、人の体には大きなチャクラが7つあります（チャクラについては後述）。その、いちばん下にあるのが第1チャクラです。尾骨の近くにある、生きることの基盤となる、とても原始的なエネルギーをつかさどっているチャクラです。

この第1チャクラが活性化されていると、生きる力が強くなり、必要なものを引き寄せるパワーが強くなるとか、自分に対する自信がつくなど、安定した生活ができるようになります。

この第1チャクラが活性化されている時に、その活性化されているエネルギーを感じることがあります。どのように感じるかというと、第1チャクラは尾骨のあたりに、地面に平行して輪の形で回りながら存在しています。そして、そのチャクラが何らかの理由で活性化されると、チャクラの回転数が強く速くなり、体が揺れているように感じることがあります。

特に瞑想をしていると、この第1チャクラが活性化されて、地震がきているのかと思うほど、自分の体が揺れることがあります。また、実際、大きな地震がくる前に、第1チャクラが反応して、体が大きく揺れることもあります。

このように、第1チャクラは、グラウンディングと密接に関わり、地球から私たちへ流れるエネルギーの調整をしてくれる、大切な場所なのです。

では、この第1チャクラを意識した、グラウンディングのための瞑想方法を、ご紹介します。

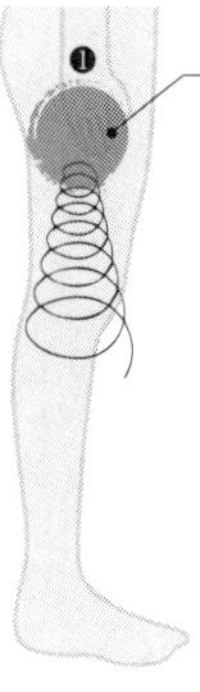

【第1チャクラ】
このチャクラが活性化されると、
生きる力が強くなり、
必要なものを引き寄せる
パワーが強くなる。

第1チャクラ

グラウンディングや、第1チャクラを活性化するには、瞑想がいちばん簡単な方法です。瞑想でイメージができれば、ちゃんと活性化につながるのです。

①瞑想の準備

まずは、しばらくのあいだリラックスできる場所を確保してください。瞑想は、寝ていても、椅子に座っていても大丈夫です。人が出入りしたり、電話が鳴ったりして、瞑想が妨げられないような場所を探してください。そして、手のひらを上に向けて目を閉じ、座っている人は足をしっかりと地面につけてください。

②深呼吸をして体をリラックス

では、深呼吸をして、体をリラックスさせていきます。

瞑想する時は、イメージをすることがとても大切です。最初は難しいかもしれませんが、少しずつ慣れてきますし、自分なりの感覚で構いませんので、自分のエネルギーが変わっていく、ということに意識を向けてみてください。

深呼吸は、鼻からゆっくりと息を吸い、口からゆっくりと息を吐きます。鼻から息を吸う時は、私たちの周りにある地球のパワーが体の中に入ってくるところを想像し、口から吐き出す時は、自分の中にあるネガティブな想いや痛みなどが全部出ていき、地球に返っていくところを想像してください。そして、こうした深呼吸を3回くらいしたら、自分の体が良いエネルギーに溢れ、熱くなってくるところを想像し、それを感じてください。

③地球とつながる

次に、自分のお尻のあたりから、太い木の根っこのようのものが出てきて、地球の中にどんどん伸びていくところを想像してください。その根っこは、地球の真ん中にあるマグマまで到達し、そこに根っこを張りめぐらせます。こうすることで、あなたと地球は、しっかりつながります。

④地球のエネルギーを自分のオーラに取り入れる

自分と地球がしっかりつながったら、いよいよ地球のマグマエネルギーを自分に取り入れます。実は、チャクラにはそれぞれ色があって、その色を取り入れることで、各チャクラが活性化されると言われています。

そして、第1チャクラの色は、赤です。この、体と地球をつないでいる根っこを伝って、マグマの赤いエネルギーが、どんどん上がってくるところを想像してください。マグマのエネルギーは、あなたが深呼吸をするたびに、どんどん上がってきて、足・腰・胸・肩・頭の順番で、体が真っ赤になり、熱くなってきます。

このようにして、十分にエネルギーを取り入れたと思えるまで続けてください。

この瞑想を上手にできれば、体がポカポカしてきます。そう感じられれば、瞑想のイメージが上手にできたことになります。初めての方は、少し難しいと感じるかもしれませんが、練習していると短時間ですぐにできるようになるので、諦めないで続けてください。そして、慣れてくると、歩いていても、電車に乗っているあいだでも、30秒ほどでできるようになります。

このグラウンディングが上手にできれば、魂が地球としっかりつながり、強力なエネルギーをチャージすることができます。魂のエネルギーが強くなると、私たちのオーラも強くなり、心が折れにくい強さを持ったり、引き寄せの力が大きく働くようになったりするなど、よいことがたくさん起こり始めます。

よいことが起こり始めるというのは、まさに直観ミラクルが起こっているということなので、自分の強くなったエネルギーがよい感じで回り始めているという感じがします。

グラウンディング、ぜひ意識してやってみてください。

瞑想のススメ

霊性開花の勉強を始めると、とにかく瞑想するように勧められます。僕がスピリチュアルの勉強を始めた時は、どうしてそんなに瞑想が必要なのかと、いつも考えていました。なぜなら、僕は瞑想を始めると、すぐに寝てしまうからです。でも、教師役の人から「最後に守護霊からプレゼントをもらってください」という指示があると、僕はそれまで寝ていて何も覚えていないのに、プレゼントだけは、しっかりともらってくるという生徒でした。そんな感じだったので、瞑想をすることの意義が、あまり理解できませんでした。

ただ、勉強を進めていくと、瞑想することの意義がよく分かりました。瞑想は、集中することと、魂と強くつながって向き合うためには、やはり必要な練習なのです。この2つのことができるようになれば、守護霊や魂からのメッセージを受けてそれを理解したり、周りのエネルギーをきちんとキャッチできたりするようになるからです。

さて、瞑想が大事だということが分かっても、やっぱり瞑想は苦手でした。どうしたものかと考えていた時、あることに気づいたのです。僕は、幼稚園のころからピアノを習っていたのですが、本当にピアノが大好きで、毎日2~3時間は練習をしていました。そして、練習をしているあいだは、ずっと自分自身と対話をしていたのです。当時、僕は自分がゲイであることにも気づいていたし、女の子っぽいと友だちにからかわれたりしていたので、誰にも言えない心の問題というものを抱えていました。でも、大好きなピアノの練習をしているあいだは、楽しい気持ちになれたし、それは、自分を自分で励ましてあげるような特別な時間だったのです。

瞑想というのは、長いあいだ座ってするのもいいのですが、このように、好きなことに没頭することでも、同じような効果が得られるのです。僕のように、ピアノの練習をしながら自分との対話をする人もいるでしょうし、編みものなんかをしながら、自分と対話している人もいるのだと思います。

例えば、読書の好きな人が本を読んでいる時にも、けっこう自分との対話をしているものです。こんな場面で、自分だったらどうするのかとか、主人公の言葉に感動するとか、本を読むことでも、私たちの感情は癒されているのです。

好きなことに没頭している時は、自分の中で、とてもよいエネルギーを生んでいます。そして、そのエネルギーが、自分の魂の波動を上げてくれるのです。このような時間が多いほど、直観ミラクルは自分に引き寄せられてきます。

好きなことに没頭するのと同じくらい、お勧めしたい瞑想方法があります。それは、ジョギングやお散歩など、運動をしながらの瞑想です。特に、お散歩をしている時は、ちょうどよい運動量であり、集中が簡単にできるので、魂や守護霊からのメッセージをキャッチしやすくなります。

方法としては、20分以上の長めのお散歩をしながら、自分が答えを探していることについて考えます。そうすると、意外とメッセージが降りてきます。

ちゃんとした瞑想だと、メッセージを受け取ろうとして構えてしまうこともあるのですが、お散歩しながらであれば、心も体もリラックスした状態になり、直観を受け取りやすくなるのです。僕も、どちらかというと、散歩しながらの瞑想のほうが、直観を受け取りやすいです。

もちろん、その人の好みがあり、得意とするものは分かれると思います。それで構わないのです。瞑想の目的は、集中力をつけることと、自分の魂と向き合って強くつながること。やり方はどうであれ、この目的さえ理解しておけば、どんな形の瞑想でも、効果は得られるのです。

心のワクワクは魂からのメッセージ

Sense of Miracles !

魂とのつながりが強くなってくると、魂からのメッセージを受けやすくなります。そして、そのメッセージの中で僕がいちばん好きなのは、ワクワクです。心が躍るとか心がワクワクするとか、私たちはよく使う言葉ですが、ワクワクした時の感じは楽しいものですよね。

この、ワクワクする時というのは、魂が喜んでいる証拠です。考えていることや、実行しようとしていることへのGOサインです。

では、具体的にどんな感じで、このワクワクがやってくるのでしょうか？

僕が、1冊目の本の出版のために、出版社へ企画書を出した時、最初の企画書はNGという返事でした。そこで、編集者さんが、もういちどだけ企画書を作り直し、会議へ出してみましょうと言ってくださったのです。

そこで僕は、編集者さんに、「僕のどんな話が面白いと思いますか？」と、質問しました。するると、いくつかの点を指摘してくださいました。

そのご指摘を参考にして、自分の中で新しい企画案ができた時、急に胸がワクワクしたのです。その瞬間に、僕はこの企画なら大丈夫だと、直観で思いました。ワクワクする時は、GOサインだからです。すると、やっぱり新しい企画案は無事に受け入れられて、本が出版されることになりました。

このように、何かの選択肢について悩んでいる時に、あることを考えたらワクワクがやってくる。これは、自分の魂が「これや！」と、言ってくれているようなものなのです。ですから、自分の胸のあたりにワクワクがやってきた時は、何が何でも行動してみるといいと思います。

また、買いものをしていて、いろいろなものを物色している時に、急にワクワクするものを見つけることってありますよね。女性に多いと思いますが、例えばお財布《さいふ》を探していたら、キラキラに輝くお財布を見つけて、見た瞬間に恋に落ちるような感覚がしたりすることがあります。そういうものは、できる限り購入して、いつも持ち歩いているといいと思います。

お財布や携帯電話のカバーなどは、いつも持ち歩くものなので、毎日、何度も視界に入ってきます。だから、見るたびに元気パワーを与えてくれる。そういうものなのです。ワクワクをくれるもの、大切にしたいですね。

ただ、このワクワクを感じにくいという人も、実は多くいらっしゃいます。僕のところに相談にこられた方を見ていて分かったのですが、ワクワクを感じにくい人には、こんな理由があるようです。

＊魂とのつながりが弱い
＊感情の出し方を忘れている
＊胸のチャクラに元気がない

魂とのつながりが弱い

自分に自信がなかったり、気持ちが疲れていたりすると、魂とのつながりが弱くなり、魂からのメッセージが分かりにくくなります。自分に自信がないとか、気持ちが疲れていると感じたら、まずは第2章で紹介した**人生の見直し**をしてみてください。そして、先にも書いたように、ジャッジすることをやめてください。

魂とのつながりが弱い人は、自分のことをジャッジする傾向があります。自分はダメだなとか、また失敗するだろうなというように、自分の価値を下げてしまうようなジャッジです。

僕は、自分をいちばん応援してくれているのは、自分自身だと思っています。いつも一緒にいてくれるし、最も長く付き合いのある自分。そんな自分が、いつも悪いジャッジをしていたら、当然、やる気も自信もなくなってしまいます。

このように、自分をジャッジしてしまうことって、誰にでもあると思いますが、自分にとって何もよいことはないので、今日からやめましょう。

感情の出し方を忘れている

ワクワクというのは、「楽しい」という感情の一部ですが、自分の感情を表すことに慣れていない人は、ワクワクするという感覚そのものを、忘れかけていることがあります。

また、感情をうまく出せない人というのは、つらい経験があったことで心に傷を負ってしまい、楽しいという感情を忘れてしまったとか、社会との関わりが怖くなり、感情を出さないことで自分を守ろうとしてきた人です。どんな理由であれ、自分の想いや感情を、どう出していいか分からないという方は、実はたくさんいらっしゃいます。

このように、うまく感情を出せない人にお勧めしたいのは、簡単なポジティブ感情を、言葉にして伝えるということです。

例えば、「あなたのメガネ、素敵ですね」「助かりました。ありがとうございます」「美味《おい》しかったです。ごちそうさまでした」など。

このように、自分に湧いてきた小さなポジティブ感覚を、誰かに伝えましょう。人は、褒められたり、ポジティブなことを言われたりすると、気持ちがよくなります。そして、自分の感情を伝えることで、あなたの感情エネルギーも、どんどん外に出てくるようになるのです。今まで心の壁で閉ざされていたエネルギーが外に出てくることで、あなたのエネルギーの流れはよくなり、人との関係も、よくなってくるでしょう。

胸のチャクラに元気がない

私たちのチャクラの中で、感情をつかさどるのは、第4チャクラと言われるハートチャクラです。ハートチャクラは、愛情のエネルギーや人間関係のエネルギーの調整をしてくれます。なので、自分の感情を他人に伝えるのが苦手な人や、人間関係に苦手意識のある人などは、ハートチャクラが元気のない状態になっていることが多いのです。

ワクワクという感覚は、胸のあたりで起こるので、ハートチャクラが活性化されていないと、このワクワクという感覚が分かりにくくなってしまうのです。

でも、安心してください。ハートチャクラの活性化も、瞑想やヒーリングなどで簡単に調整することができます。

簡単にできる、ハートチャクラの活性化

Sense of Miracles !

①瞑想のできる環境を作る

ハートチャクラだけを活性化させるのであれば、短い時間でできます。先ほどのグラウンディングの時と同じように、座っていても、立っていてもいいので、リラックスできる場所を見つけましょう。そして、目をつぶり、3回ほどゆっくりと深呼吸をして、体をリラックスさせます。吸う時は鼻から、吐く時は、ゆっくりと口からです。

②ハートチャクラに意識を向ける

ハートチャクラは、胸と背中の外側10センチくらいのあたりに、体に平行して存在します。瞑想する時は、胸の前にあるチャクラに意識を向けてください。

ハートチャクラの色は、緑かピンクです。どちらの色でもいいのですが、緑は癒しのエネル

ギー、ピンクは愛情やコミュニケーションのエネルギーです。自分がより必要だと思う色を、使ってみてください。

③ハートチャクラにエネルギーを注ぐ

ハートチャクラの位置に、自分の手のひらを当ててください。胸の前、10センチくらいのあたりで、チャクラの位置と手のひらが重なると、手のひらにビリビリと刺激を感じるところがあります。これが、ハートチャクラの位置です。

ここに手のひらを置き、手のひらから緑かピンクの、キラキラしたヒーリングエネルギーが入っていくのを想像します。そして、ハートチャクラの輪の回るスピードが加速され、緑かピンクの色が明るく強くなるところを想像します。エネルギーを注ぐのは、2分くらいで十分です。

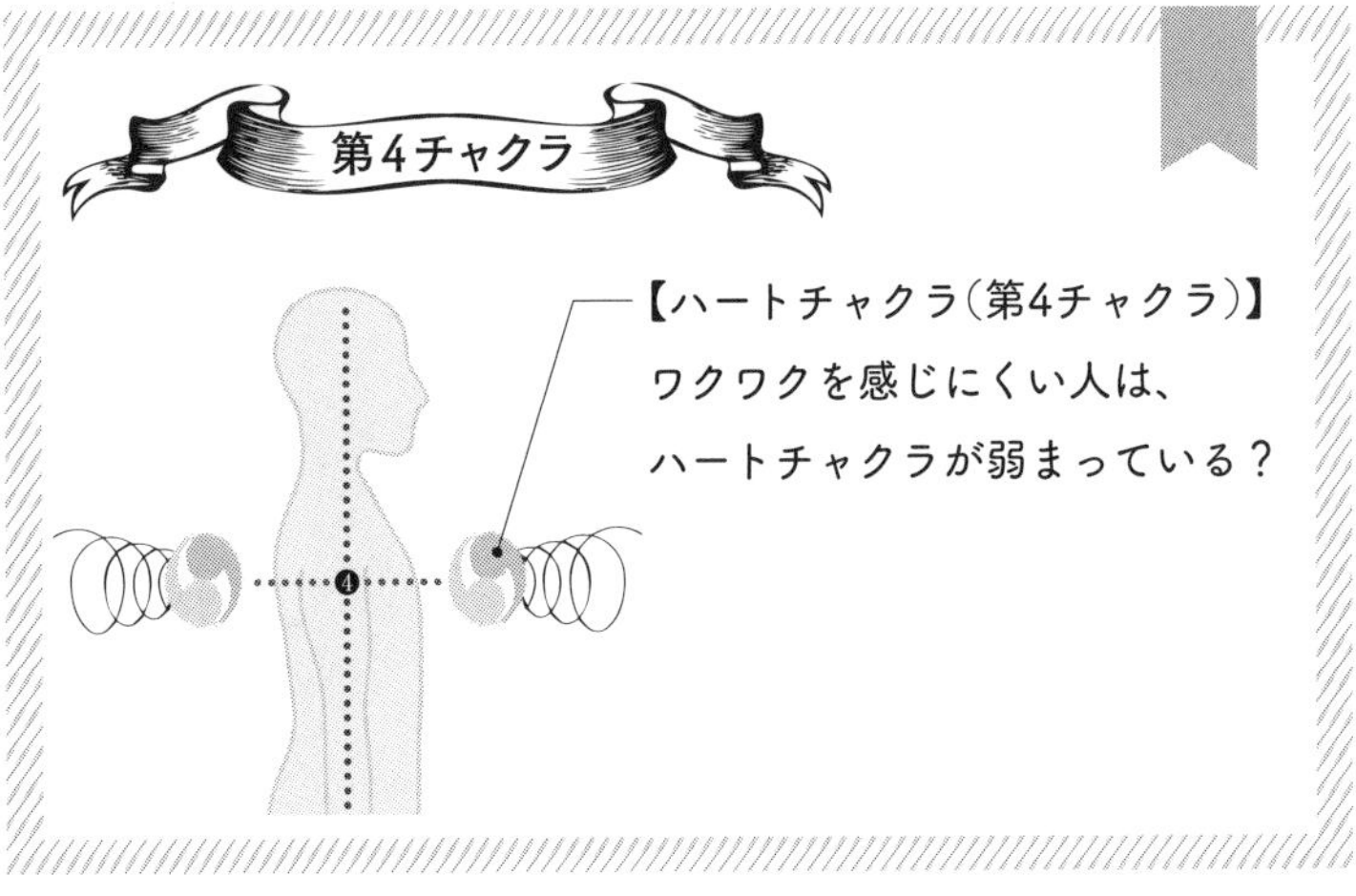
第4チャクラ
【ハートチャクラ(第4チャクラ)】
ワクワクを感じにくい人は、
ハートチャクラが弱まっている？
4

ハートチャクラを活性化する瞑想にも、いろいろな方法がありますが、ハートチャクラに元気のない人は、心が傷ついてしまっていることが多いので、今回のように、手のひらからヒーリングエネルギーを注いであげる方法がお勧めです。

この他にも、ハートチャクラを活性化させるのに、色のエネルギーを使うという簡単な方法があります。それは、パステルカラーの緑かピンクの色を、服装やアクセサリーなどに取り入れ、自分の近くに置いておくことです。ピンクや緑色の石《ストーン》を身に着けるとか、ポケットに入れておくというのも、よい方法だと思います。自分でやってみたいなと思うものを、試してみてください。

最後に、もっと直観ミラクルを理解してもらえるように、直観ミラクルの具体例を、いくつかご紹介したいと思います。

＊僕の場合

航空会社を解雇されて、これから何をしようかと考えていた時、僕の友だちやコンサルタントの方たちから、「あきらくんの特徴は、ゲイであることだよ」と、よく言われました。

そこで、自分の魂に聞いてみたところ、以前から勧められていた、ＬＧＢＴＱ専門カウンセラーとして本格的に活動するのがいいかもと、直観で感じました。

早速、Ｆａｃｅｂｏｏｋ《フェイスブック》などで宣言し始めたり（ここ大事）、ブログなどに書いたりしてみると、たくさんの方が興味を持ってくださり、ラジオ番組に出演したり、メディア関係の方にも、お話を聞いていただける機会ができました。

次に、「カウンセラーの資格」という直観が来ました。

もともと、資格を取ることには苦手意識があるのですが、直観に従い、カウンセラーの資格取得について調べ始めると、よい感じの通信教育の学校が見つかり、そこで資格を取得しました。そして、資格を取ったことを、またＳＮＳなどで報告すると、ＬＧＢＴＱの活動をしておられる方を紹介してもらえたり、カウンセリングのお仕事をしている方から興味を持っていただけたりなど、どんどん道が拓けていきました。

このように、自分の進むべき道へのヒントは、周りの人から来ることも多いのです。そんな時、とても大切なことは、ちゃんと自分の魂に聞いて、それが本当に自分に必要なものかどうかを確認するということです。そして、腑に落ちるものは、どんどん行動すればいいのです。

この例のように、ＳＮＳなどを使って、周りの人に「宣言」することも、とても大切です。そうすると、アドバイスしてくれる人や、助け船を出してくれる人が現れてきます。これこそが、まさに風の時代の動き方なのかもしれないですね。

もう1つ、以前住んでいたマンションは、動物を飼うことが禁止されていたのですが、僕は隠れて犬を飼っていました。するとある日、管理人さんから「犬を飼っていませんか?」と、質問されたのです。もちろん「飼っていません」と答えましたが、心の中はドキドキ……。そのマンションは持ち家だったので、ほかによい中古物件があれば引っ越ししてもいいと探してみましたが、よい物件は見つかりませんでした。

僕はいつも、郵便ボックスに入っているマンションのチラシなんかを、すぐにその場でゴミ箱に捨てていたのですが、ある日、家に入ってから、そのチラシのマンションが気になってしかたがない。この、「気になってしかたがない」が直観です。そこで、チラシをゴミ箱から拾ってきて、次の日、そのモデルルームに向かいました。

そして、「今のマンションも気にいっているので、もし、そこよりよい場所が見つかれば、買い換えたいと思っています」と伝えました。すると、担当の人が、「あなたはラッキーです。今ちょうどキャンペーン中で、前のマンションを誰かに貸すという約束のもとで、ローンをまた新たに、満額借りることができます」と言ったのです。

ローンというのは、その人の年収などにより、借りることができる金額が決まります。そして、借りることができる上限が5千万円だとしたら、何カ所からお金を借りたとしても、合計5千万以上は借りられないのです。

それを、1軒目のマンションを貸すと約束すれば、2軒目のマンションに5千万円を貸してくれる、というキャンペーンだったのです。こういうキャンペーン、もっとするべきだと思います（笑）。

ということで、1軒目のマンションは人に貸して、新しいマンションに引っ越し、犬も堂々と飼うことができるようになりました。これは、直観に従って行動したことで、マンションを2つ所有することになり、大家さんにもなるという、大きな結果を生んだわけです。ほんと、直観ミラクルは、このように突然、訪れるものなのです。

＊Dさんの場合

Dさんは、仕事で多額の借金を背負い、奥さんとふたりの子供を抱えながら、ずっと悩んでいました。そして、いよいよ銀行の残高も2ケタとなってしまい、窮地に立たされ、自ら命を絶《た》つことだけを考えて毎日を過ごしていました。

その日も、死ぬことばかり考えていた夜、午前0時となり、デジタル時計に4つの「0」が並んでいるのを見ました。その時、ふと、こう思ったのです。

「今がゼロなんだ」

「人生にマイナスなんて存在しない」

今がどんなにつらくても、自分の未来は、このままでいるか、這い上がっていくかの2択。ならば、ここを全速力で突っ走ってやると決意し、そこからは必死に行動したのだそうです。

そうすると、2カ月後に運命の出会いと遭遇しました。

たった1回しか会ったことのなかった人が、彼を応援してくれるようになり、任されたイベントで大成功を収めます。さらに、その仕事ぶりを見ていた人から、どんどん次の仕事へと続きました。

そして現在も、多くの人と関わりながら、自分だけでなく、周りの人も幸せにする活動を、精力的にしておられます。

この「0」を4つ見せてくれたのは守護霊です。そして、今がゼロだと思ったのが、魂からのメッセージ、直観だったのです。

このように守護霊は、僕たちをサポートするために、たくさんのメッセージを送ってきていますが、そのメッセージとつながり、そこから意味を見出すのは、自分の魂から送られてくる直観なのです。そして、魂と強くつながることで、自分に必要なメッセージをきちんと受け取れるようになるのです。

この章では、魂と強くつながる方法について、お話ししてきました。いろいろな方法がありますが、自分が興味を持てる方法を、試されてみたらいいと思います。

大切なことは、自分の中に魂が存在し、それと、より強くつながろうと意識することです。

そうすることで、あなたは自分の魂と、どんどん強くつながり、直観をハッキリと、強く、受け取れるようになります。そして、魂と強くつながるたびに、直観ミラクルへの準備が、ますます整うことになるのです。

Akira's Summary

直観ミラクルを起こすために必要な、自分の魂と強くつながるための方法

平常心を保とう

全てのことは完璧に起こっていると理解しよう

自分も周りもジャッジ(判断)しない

オーラを意識してエネルギーを感じよう

世の中の常識を疑ってみよう

地に足をつけるためのグラウンディング

第1チャクラを活性化しよう

やはり瞑想は大事

心のワクワクを大切にしよう

ハートチャクラを活性化しよう

コラム

ゲイですがなにか？

僕にとって、ゲイであるということは、この人生で、とても大きな意味があります。今となっては、カミングアウトもして、世界中の人に自分がゲイだということを発信していますが、そんな僕にも、つらい時期がありました。

自分が、男の人に興味があるということを理解したのは、物心ついた3歳くらいの時からです。野球やビー玉遊びには全く興味がなく、近所の女の子と、おままごと遊びばかりしていましたし、好きになるのは男の子ばかりで、その子から恋愛相談をされて、心の中で泣いているってことが、よくありました。子供のころは、名字《みょうじ》が「かしま」だったので、「オカマしま」とよくからかわれていて、「死んだら楽になるのかなあ」と考えたこともありました。

そんな僕を大きく変えてくれたのは、アメリカの航空会社に就職した時です。アメリカの航空会社に勤める男性客室乗務員は8割ぐらいがゲイで、ゲイ社会が確立されています。ほとんどの人がカミングアウトしていて、堂々と生きています。この状況を見た時は、ほんとに驚きました。ただ、当時の僕はタレントっぽい仕事もしていたので、イメージが崩れてしまうのを恐れて、なかなかカミングアウトはできませんでした。

転機が訪れたのは、スピリチュアル・カウンセリングを始めたころです。相談にこられた方たちには「自分らしく生きてくださいね」などと言っているのに、「自分はどうやねん？」と、考え始めていました。そして、将来、自分がすることのために、ちゃんとカミングアウトして、堂々としていないといけないと思ったのです。そこで、まずは身近な友人たちから、カミングアウトを始めました。

ところが、彼らの反応は「知ってたよ」とか「だから何？」というような反応ばかりで、正直、拍子抜けしてしまいました（笑）。でも、この、本人がちゃんと決心をして言う、ということが肝心なのです。それが、まさに自分の人生の壁を越えるということだからです。

そして、いよいよ、家族にもカミングアウトすることを決めました。僕が、47歳の時です。さすがの僕も、家族に伝えるには、とても勇気が必要だったので、自分が逃げてしまわないように、まずは1冊目の著書の中でカミングアウトしました。家族が、絶対に読むと思ったので。そして、本が発売される前日に、家族のLINE《ライン》グループでカミングアウトしたのです。

家族の反応は、こうでした。母親は「大ショック」。兄貴は「そうかと思っていたけど、大ショック」。父親は、2日たっても何も言ってきませんでした。そこで、兄貴と話した時に、父親は怒っているのかと聞いてみると、「ちがうねん！　ＬＩＮＥが来た時、お父さんカラオケのレッスン中で、それが終わった時は、みんなの会話も終わってしまっていて、何を言うべきかも分からんから、そのままにしてるねん」と。

　その後、兄貴があらためて父親に話してくれたみたいで、父親からは「あきらは、いつ帰ってくるんや？」と、一言だけ送られてきました。

　これが、僕の家族へのカミングアウトです。みんなショックでありながらも、優しく受け入れてくれたことに感謝しています。

　今は、カミングアウトをして本当によかったと思っています。かといって、みんながカミングアウトしなければいけないとは思っていません。でも、僕にはこれから、ゲイとして多くの人に伝えることがあるので、僕にとっては、とても大切なことだったと思います。ですから、カミングアウトしないという生き方もあるので、安心してください。

　ただ、僕が皆さんに言っておきたいことは、ゲイであることを隠して生きると、周りの人に嘘をつくことになる、ということです。しかし、そのことについて、悪く思うことは全くありません。そうではなく、自分自身に嘘だけはつかないでほしいのです。ゲイであることを認めたくないため、自分は男性が好きだと分かりながらも、そんな自分を完全に否定する。それでは、自分らしく生きることにはならないのです。中には、女性と結婚して子供を作る人もいるでしょう。それでも、自分は男性も好きだ、ということを、恥じずに受け入れることが大切なのです。

よく、ゲイになる子供は、家族の影響があったなどと言われることがありますが、僕から見ていると、ゲイとして生まれてくるのは、生まれる前から決められていることです。ゲイとして生きることで、学んだり乗り越えたりすることがあるため、自分で選んで、ゲイとして生まれてくるのです。そういうものなのです。

僕は今、LGBTQ専門のカウンセラーとして活動しています。僕がアメリカ社会で見てきたことや、英語で発信される海外のニュースなどを通して得た情報を使って、人・企業・行政などのお役に立てる活動ができたらいいなあと思っています。

最後に、そんなLGBTQ専門カウンセラーとして、セクシュアル・マイノリティの方々に伝えたいことが3つあります。

①ゲイは病気ではなく、素敵な個性であること。
②社会も変わる必要があるけれど、個人も強く変わらなければいけない。
③人生の壁を越えた人にやってくるギフトがある。

3つめの「人生の壁を越えた人にやってくるギフト」とは、僕が経験を通して強く感じていることです。僕自身が、長いあいだカミングアウトできずに悩んできましたが、今は自分らしく生きていられるし、悩んでいる人に元気を与えることもできています。ほんと、カミングアウトに限らず、私たちは、人生の壁を越えられると、ギフトとして、よいことがたくさんやってくるのです。もちろん、ゲイであることをカミングアウトしたことで、心ない人たちから陰口をたたかれるなど、まだまだ、つらいことは起こるでしょう。ですが、心の中は幸せな気分で満たされているのです。

セクシュアル・マイノリティの問題は、簡単にはなくならないと思います。ですが、それを恨んだり、後悔したりするのではなく、ちゃんと自分らしく生きていきましょう！

僕は、セクシュアル・マイノリティの人が楽しく暮らせる社会づくりのお手伝いを、微力ながらも、していきたいと思っています。どうぞ、よろしくお願いします。

SENSE OF MIRACLES!

第4章

私たちの周りにはミラクルがいっぱい！

守護霊からのミラクルサイン

私たちの周りには、いつもミラクル（奇跡）が起こっています。そして、ミラクルはいろいろなサインを我々に見せて、その存在を知らせてくれています。こうしたミラクルに気がつけば、私たちが、どれだけ神秘的でラッキーな世界に生きているかということを感じられます。

そして、この目に見えない世界を身近に感じられるようになると、魂とか直観ミラクルというような、見えないエネルギーへの理解や感度が、とてもよくなります。

この章では、私たちの周りにあるミラクルな存在や、その働きをご紹介していきます。

とはいえ、直観ミラクルが起こる４つのステップ③で説明したように、私たちに必要なのは「行動する」ということです。いくらミラクルなサインがあったとしても、自分から行動しなければ、未来を変えることは難しいのです。私たちが行動を起こすことで、出会いや結果が、より早く訪れるようになるでしょう。

まずは、守護霊からのミラクルサインです。守護霊は、僕にとって最強の味方であり、友だちのような存在でもあります。僕たちは、この世に生まれる前に、自分がどんな人生を歩むかということを、守護霊と一緒に考えてきます。そして、生まれてからは、ずっと彼らは僕のサポートをしてくれています。

あらためて説明すると、僕が見る限りでは、守護霊というのは、メインで3人くらいの人がついてくれていて、その他にも何人か、その時々に必要なヘルプをしてくれるために、入れ替わったりしています。

このメインの3人くらいの守護霊は、自分の過去世の魂であり、つまり自分の魂です。そして、彼らが過去世で越えられなかった壁や、新しい壁を経験するために、私たちは生まれてくるのです。だからこそ、守護霊との関係はとても深いものであり、一緒に人生を歩む、友のような存在なのです。

守護霊については、興味のある人が多いようで、SNSなどでも、さまざまな質問をいただきます。そこで、よく聞かれるご質問を、ここで紹介してみたいと思います。

Q　守護霊は人なの？

守護霊は、僕にとっては、人として見えます。守護霊は、自分の前世の魂なので、その時の姿で見せてくれることが多いのです。ただ、これは僕の見え方であって、他の人は違う形で見えたりします。人によっては、天使として見えたり、龍神様という形で見えたり、その見え方はさまざまです。

では、どうして見え方に違いが出るのかというと、見る人の「信じるもの」で変わってしまうからです。例えば、過去世からの何かのつながりで天使が大好きだとか、霊性開花の勉強の際に教えてくれた先生が、天使として教えてくれたなど、守護霊と呼ばれる立ち位置にいるエネルギーは、その人の考えや教えによって見え方が変わってくるのです。

そして、この見え方の違いは、どれも正解なのです。私たちは、スピリチュアル的なエネルギーを感じ、自分の思考を通して変換して、メッセージにします。ですから、表現の仕方はその人なりのものになっても、メッセージの真の部分は同じなのです。

ただ、守護霊が人として見えるとよい点もあって、人として見えることで、どんな暮らしをしていたかとか、どんな性格をしていたかなど、見るだけで多くの情報を得ることができるからです。そうすることで、彼らからのメッセージを伝える時の、微妙な言葉の選択もできているのだと思います。

Q 守護霊は日本人？

守護霊は自分の前世なので、いろいろな人種である可能性があります。相談者の方に、「前世が白人だったことがあります」とお話しすると、ビックリされる方が多いのですが、白人だけでなく、さまざまな国の人種ということがありえるのです。これは、魂がこの世に生まれる目的が、さまざまな経験を積むことだからです。

霊視をしていて面白いと感じることは、今回は日本人として生まれてきていても、たまに前世の、全く違う国の記憶が、強く残っていることがあることです。

例えば、行ったことがない海外の場所に、なぜだか興味があり、行ってみたいと思う。これは、魂が前世で暮らしていた、または大好きだった土地に行きたいと願っているからです。この反対もありまして、前世でつらい経験をした土地だったりすると、気にはなるけど行くのが怖いとか、行こうとしてもトラブルが起こってなかなか行けない、ということもあります。このように、前世というのは、今の自分にとても密接な関係があったりするのです。

また、少し変わった前世とのつながりとして、学びのために、国籍や人種をあえて選んで生まれてくることもあります。例えば、自分が人種差別をして、多くの人を傷つけた前世があったとします。そうすると、次は、自分が人種差別をされる側として生まれ、自分が誰かにやった行為を受けるということがあります。

これは、**カルマ**と呼ばれるもので、自分の蒔《ま》いた種は、回り回って自分に返ってくるという考え方です。一般にカルマというと、なにか悪いものというイメージがありますが、これは、よいことであっても同じで、誰かを助けると、次は自分が助けてもらえるというようなことも起こります。ですから、未来の自分が苦しまないように、できるだけよいカルマを今世で作っておきたいものです。

こうしたカルマを上手に使うことでも、直観ミラクルを起こすことができます。例えば、あなたの周りの困っている人を助けましょう。そうすると、今度はあなたを助けたいと思う人が現れます。このように、よいカルマをたくさん作れば、いずれ自分に直観ミラクルとして返ってくることになるのです。

Q 守護霊がいない人もいると聞きました

この質問を聞かれることがよくあります。僕が霊視している限りでは、今まで守護霊がいないという人には会ったことがありません。ただ、その、守護霊がいないと言った霊能者が間違えているというわけでもなく、その人の感じ方の違いなのだと思います。

僕の経験から言うと、たまに、霊視している人が心を閉ざしていて、霊視しようとしても、なかなかメッセージが来ないことがあります。また、守護霊によっては、その人にとってメッセージを伝えないほうがいいと判断すると、あまり伝えてこないことがあります。このような状況になった時、何もメッセージが来ないので、守護霊がいない、という判断になってしまうのではないかと思います。

でも、安心してください。守護霊は誰にでもついていますし、私たちがどんなに守護霊を裏切るようなことをしても、見放すことはありません。それほど、私たちと守護霊とのつながりは強いものなのです。

もしあなたが、霊能者に守護霊がいないと言われたら、自分の心が何らかの理由で閉ざされていないか、確認してみてください。笑う、感動する、運動する、などという行為で、けっこう自分の閉ざされた心やエネルギーがほぐされるものです。ぜひ、試してみてください。

人のエネルギーというのは、自分を中心に、外に向けたエネルギーが、同じ大きさで返ってきます。自分に自信がないとか、心を開けないという人は、外に向けて投げかけるエネルギーが小さいため、返ってくるエネルギーも小さくなるのです。

直観ミラクルを大きく起こしたいのなら、多くの人と関わるとか、自分の意見を多く発信するなど、自分から外に向けて流れるエネルギーを、できる限り大きくしていきましょう。

Q 守護霊と話したらバチが当たると言われました

このように言う方がいるのも、霊能者の理解の仕方の違いなのだと思います。守護霊というと、自分についてくれている神様のようなものと思う人は多くて、神様に対して頼みごとをするとか、粗末に扱うのはダメ、みたいに考える人がいるようです。

スピリチュアルな考え方が、まだ受け入れられていなかったり、知られていなかったりした昔は、このように考える人も多かったのだと思います。ですが、守護霊というのは、神様というよりも、自分をサポートしてくれる同志みたいなものです。だから、会話をしてはいけない、ということはないと思います。

守護霊は、私たちにさまざまなサポートをしようと働いてくれています。ですから、守護霊からのメッセージを受け取ることも大切ですし、こちらから、どんなサポートをしてほしいと伝えることも大切です。なぜなら、この世に生まれて、どのように生きるかという選択肢を持つのは自分(魂)であり、守護霊はあくまでもサポートをしてくれる立場だからです。お互いが二人三脚となり、人生をよい方向へ進ませるには、この双方からのコミュニケーションが、とても重要になるのです。

ですから、守護霊と話すとバチが当たるなどと言われても、気にしないでください。むしろ、守護霊を自分の近くに感じて、もっとお話ししてみてください。こうして守護霊に寄り添っていくことで、守護霊にも喜んでもらえるはずです。

Q 亡くなったおばあちゃんは、私の守護霊ですか?

この質問も、動画のコメントなどでよく聞かれます。亡くなった親族、特に自分に近い存在だった人が、自分を守ってくれているというのは、とても嬉しいことでしょう。もちろん、亡くなった親族は、いつも近くにいて見守ってくれています。親族というのは、この世で会ったことがなかったとしても、あちらは私たちを見ていて、よく知っているので、愛情いっぱいに守ってくれているものです。ただ、親族が守護霊になっているということはありません。そしてこれは、単に、立ち位置や呼び名が違うだけという感じなので、守護霊のほうが偉いとか偉くないとか、そういうことでもないのです。

守護霊というのは、生まれる前から死ぬまでの人生の目的を知った上で、ずっとサポートしてくれている存在です。なので、その人の未来も含めて、何が必要なのかをよく知っています。

一方、親族というのは、亡くなってからは少し考えも変わりますが、けっこう、生きていた時の性格や考え方が、そのまま残っていたりします。そして、こうした親族がくれるメッセージも、あなたにとって何が大切かというよりも、その親族自身がどうしてほしい、といった、個人的な希望も含まれるということです。

スピリチュアルなカウンセリングを受けていると、このように、守護霊からのメッセージであったり、親族からのメッセージを受けたりします。そのメッセージの微妙な違いを理解した上で、受け取ることが大切なのです。

Q 不幸ばかりの人生。なぜ守護霊は助けてくれないのですか？

人生には、不幸なことが連続して起こる時期があります。生活が大変になったり、気持ちが落ち込んでしまったり。そんな時、守護霊は何をしてくれているのだろうと思う人が多いのも、よく理解できます。

ここで忘れてはいけないことは、守護霊はあくまでもサポート役だということです。人生に不幸なことが起こる時というのは、それが自分の人生の転機であり、これからの人生の選択を迫られている時です。

この人生の選択をする時に、私たちはいろいろなことを感じたり、学んだりと、さまざまな経験をします。この必要な経験を得ることができれば、人生は次のステップへと進み始め、問題も自然となくなっていったりするのですが、必要な経験を得ることができなかったり、そこから逃げて向き合わなかったりすると、その問題はいつまでもなくなりません。

人生に問題が起こった時、なんらかの選択をして行動することで、人生を変えていくのは自分であり、守護霊は、魔法を使って全ての問題を解決してくれる存在ではないのです。

守護霊は、進むべき道やアドバイス的なメッセージをくれたり、必要な人に会わせる準備をしてくれたりはしますが、守護霊があなたの代わりに問題を解決することはありません。あなたが問題と向き合わず、行動することもしなければ、不幸を感じさせる問題はなくならないのです。結局、責任は自分自身にあるのです。

とは言っても、守護霊は私たちの味方です。直接問題を解決することはしませんが、私たちが苦しんでいると、守護霊も悲しそうにしています。そして、なんとかよい方向に進むようにと、必死にサポートを続けてくれるのです。

人生が不幸だと思う時ほど、守護霊からのメッセージやサポートに気づいて、問題と向き合いましょう。守護霊は、あなたが直観を得るきっかけを、いつも作ってくれているのです。

守護霊メッセージは、こんな感じでやってくる

このように、守護霊はいつも近くにいてくれて、たくさんのサポートをしてくれています。

そして、そのサポートが、ミラクルサイン（奇跡の証《あかし》）として見つかり、私たちに感動や気づきを与えてくれます。そんな、守護霊が与えてくれるミラクルサインが、どんな感じでやってくるのかを、ご紹介しましょう。

＊本や看板などの、文字を使ったミラクルサイン

守護霊は、文字を使ってメッセージを送ってくることが、いちばん多いと思います。例えば、本を読んでいて、この一文がやたら気になる、というような経験は、誰にでもあると思います。

この一文が、実は、守護霊からのメッセージなのです。

こうした一文を見た時に、すぐに「なるほど」と理解できるものもあれば、「気にはなるけど、

どうしてだろう?」と思う時もあります。この、気にはなるけど、どうしてだろうと思う時の、その後の自分の行動が、あなたの将来に影響を与えるのです。

本を読んでいて、なぜだかある一文が、メチャクチャ気になった。そんな一文が出てきた時は、これはどういう意味が自分にあるのかと、問い続けなければいけないのです。なのに多くの人は、「なんだろうな」と、ちょっと考えるだけで終わってしまう。

大切なのは、この意味は何かなと問い続けることで、ある日突然「なるほど!」という答えが、自分の中で見つかることなのです。このように、メッセージを、自分の中で確信に変えることが必要なのです。

この、答えを見つけるという行為を続けていると、自分に来たメッセージを直観として受けとめる感度が高くなるし、メッセージの意味もきちんと理解して行動できるようになります。

反対に、本の一文を見ても、気になるメッセージを流してしまうというクセをつけてしまうと、なかなかメッセージが届かなくなってしまいます。これは、街の看板や、電車の中の広告であっても同じことが言えます。

私たちは、この、なんとなく気になるという感覚は持っているのですが、その後の確認作業が甘いために、ちゃんとメッセージの意味を受け取ることができていません。なので、気になる言葉があった時は、これは自分にどんな意味があるのかと、意味を理解するまで、問い続けてみてください。

もしメッセージの意味が分かりにくかったら、守護霊に「もっと分かりやすく教えてください」と、お願いしてみてください。きっと守護霊は、頑張って他の方法で伝えてくれるでしょう。

＊テレビのセリフや日常会話の中のミラクルサイン

守護霊からのメッセージは、文字だけではなく、話し言葉から伝えられることもあります。例えば僕の場合は、テレビでドラマを観ていて、ある俳優が話したセリフが、自分に来たメッセージだと気づく時があります。そんな時は、先ほどの「なぜだかこの一文が気になる」というよりも、もう少し強い感覚がやってきます。

その感覚とは、急に胸が熱くなるような感じとか、涙が出てきそうな感じです。この感覚が来た時は、そのセリフが自分にとって、とても意味のあることなのです。ドラマのセリフだけでなく、ドキュメンタリー番組などでも、急にメッセージとして感じることがあります。

また、私たちの日常会話の中にも、メッセージはたくさん送られてきています。友だちと話していて、なにげない会話の中に、驚くような発見や気づきがあったりするものです。こうしたことは、皆さんも経験があるのではないでしょうか？

分かりやすいのは、１日のあいだに、全く違う人たちから同じことを言われること。守護霊は、どうやったら伝えたいメッセージに気づいてくれるかということを、いつも考えています。

そして、これでどうだ、あれならどうだと、いろいろな方法を試してくれています。ですから、比較的メッセージに気づきやすい、1日に何回も同じことを言われる、という方法を、けっこう使っています。そこに、どうか気づいてあげてください！

守護霊は時々、メッセージを伝えるために、私たちの体の中に入り込み、伝えたいメッセージを「言わせる」ことがあります。

以前、ある友だちから、恋愛の相談をされました。その人は、今つき合っている彼氏と、あまり関係がうまくいっていないけど、自分はすごく彼のことが好きなので、別れるべきかどうか悩んでいるということでした。

僕は、すぐに別れるべきだと思ったのですが、そのことは伝えず、その人が彼のことをまだ好きなのだったら、「もう少し頑張ってみれば」と言おうとしました。すると、僕の口が勝手に「別れたほうがいいんじゃない？」と言ったのです。

僕は、あわてて言い直しました。「別れたほうがいいんじゃない？」と（驚）。もういちど言い直そうとしたら、また「別れたほうがいいんじゃない？」と（笑）。

そうすると、友だちは、「あきらくんが、そんなに言うってことは、別れたほうがいいんだね」と、納得。

あれほど、自分の言おうとすることが言えず、誰かにメッセージを「言わされている」という感覚は初めてでした。その時に気づいたのです。私たちは、なんとなく言葉を発しているように見えて、実は守護霊が体の中に入ってきて、伝えたいメッセージを言わされている時があるのだと。

普段の会話の中で気になる言葉があった時は、なぜその言葉が気になるのかを、先ほどと同じように、答えが出るまで考えてみてください。そうすると、守護霊が伝えたいと思っているメッセージを、自然と受け取れるようになります。

＊数字を使ったミラクルサイン

私たちの周りには、言葉だけではなく、数字が溢れかえっています。携帯電話を肌身離さず持って、常にその画面を見るようになったことで、携帯から数字のメッセージを受け取る回数も増えました。

言葉と同じように、守護霊は、連続した数字などでメッセージを送っています。自分の転機が来ている時や、スピリチュアルなパワーがアップしてきている時などは、特に数字のメッセージを、やたらと見るようになります。こうした数字のメッセージを見ると、守護霊から応援されているようで、なんだか嬉しくなります。

こうした数字のメッセージの意味を理解して、守護霊と、もっとつながってください。

数字が持つ基本的な意味については、別表をご覧ください。

数字のメッセージ

0
Zero

0の意味

始まりと終わりを意味する数字であり、
永遠や宇宙を表す。
「なくなることを心配する必要はありません」

1
One

1の意味

新しいことの始まり。今が前に進む時。
「今やりたいと感じていることを始めなさい」

2
Two

2の意味

平和な状態。勇気。霊性開花。
「自分を信じていいのです」

3
Three

3の意味

創造性や広がり。
「もっと柔軟に、自由に、動きましょう」

4
Four

4の意味

見守られている。1人ではない。
「守られています。自分を変えなさい」

4は、日本では縁起が悪いと思われがちな数字ですが、
天使や守護霊が見守って応援してくれているという、
素敵な数字です。

The Numbers

5 Five

5の意味

転機やGOサイン。

「どんどん動いて前に進みなさい」

6 Six

6の意味

完全であり、実力も伴う。物欲が強くなる。

「初心を忘れずに前に進もう」

7 Seven

7の意味

スピリチュアルな成長。多様性。

「あなたは今、正しい道を歩んでいます」

8 Eight

8の意味

成功。金運。勝利。

「あなたは成功して豊かになります」

9 Nine

9の意味

完了。手放す。決意。

「終わったことを手放し、新しい道へ挑戦しなさい」

さらに、同じ数字が連続していればいるほど、それぞれの意味が強くなります。例えば、「１１１１」と４つ並んでいたら、「早く行動しなさい」とか、「新しいことに進みなさい」という強い意味になります。

このように、ゾロ目をよく見始める時は、自分のエネルギーが強くなっている状態であり、守護霊のサポートも強くなっているということを表します。

そして、面白いことに、いつも１１１１を見るのに、たまに１１１０となることがあります。これは、１１１１まであと１つということで、「新しい始まりまで、あと少しです」という意味になります。でも、数字の解釈は、自分自身の感覚が大切で、これだ、と思ったもので正解なのだと思います。

数字といえば、人によっては、**自分の誕生日の数字**をよく見る人がいます。

誕生日というのは、私たちにとって特別な日でもありますし、この世に生まれてきた日ということから、「始まり」や「奇跡」という意味があります。ですから、自分は特別であるという意味や、生まれ変わったつもりで頑張れというような意味になるのです。

また、出会った人が同じ誕生日だったということも、けっこうありますよね。

同じ誕生日というのも、もちろん意味があって、他の人よりも運命的な出会いであったり、その人とつながることで必要な成果が出るというような、自分にとって大切にするとよい縁だったりします。

実は、**３５８**という数字も、縁起がよい数字と言われます。その起源と言われるものは、いくつか存在しています。

＊旧約聖書に登場する、聖なる数字。
＊風水的にも、よい方向へ発展するパワー。
＊仏教を開いた釈迦が悟った日が、生まれてから35年8カ月の時点だった、など。

このような意味から、３５８というのは、縁起がよい数字ということで、車のナンバープレートや、身の回りに使うとよい数字などとして使われています。

数字のゾロ目を見るとラッキーな気分になるのは、僕だけではないと思います。それに、守護霊からのメッセージも含まれていると思うと、ありがたい気持ちになりますよね。しかも、数字だと、メッセージの意味も分かりやすい。

守護霊のメッセージを受け取りにくいという人は、まずは数字の意味を受け取ることから始めてみたらどうでしょう。

＊出会いを使ったミラクルサイン

私たちは、ちょっとした出会いによって、人生が大きく変わるということがあります。あのタイミングに、あそこで出会えたのは奇跡と思うようなことが、未来を大きく変えていくという経験をした人は、けっこういるのではないでしょうか。それが直観ミラクルです。

たまたま参加したバーベキューで出会ったとか、たまたま行った友だちの家で出会ったなど、私たちは不思議なタイミングで人と出会うと思いますが、これも全て、守護霊が必要なつながりを作るために調整してくれているものであり、たまたまではないのです。

守護霊は、人生の次のステップに進むためや、何か伝えたいメッセージがある時などに、人との出会いを設定します。そして、私たちはその出会いから、何かに気づくとか、将来を大きく変えるチャンスを得たりするのです。結婚相手と出会うのも、このように守護霊が関係して調整していることが多いと思います。

私たちの人生に出会いが必要になると、守護霊は、その出会わせたい人の守護霊と連絡を取り合います。たまに、相手の守護霊と名刺交換をして、調整しているのを見せてくれることもあります。面白いですよね。

何か大きな意味のある出会いだけではなく、実は、私たちがなにげなく出会っている人なども、全てに意味があるのです。その人と話した内容から何かのアイデアを得るとか、純粋に将来必要な人脈を作ることかもしれません。よく一期一会《いちごいちえ》と言いますが、本当に、それぞれの出会いを大切にすること、そして出会いの意味を考える、そんなことが、自分の出会いを有意義なものにしていきます。

さて、守護霊はこのように、いろいろな調整をしてくれますが、私たち自身にも、やらなければいけないことがあります。それは、本章の最初にも書いたように、**出会いを求めて行動する**ことです。いくら守護霊が出会いを調整してくれるといっても、自分から求めて行動しないと、未来は変わりません。私たちが行動することで、守護霊の調整がやりやすくなり、出会いや結果が早く訪れるようになるのです

恋愛も、同じように、出会いを求めて行動しなければなりません。人と会うのが苦手という人がいますが、もし恋愛したい、よい出会いが本気で欲しいと思うなら、家で待っているだけではダメなのです。

出会いを求めて行動して、自分や周りのエネルギーが変わっていくことを、実際に感じてみてください。このエネルギーの変化は、動けば動くほど大きくなっていきます。そして、会いたいと思っていた人が現れたとか、気になっていた人が現れたら、ぜひ、アクションを起こしてください。

まずは勇気を出して、話しかけてください。話すことで、その人と自分の波長が合うのかを確認できます。ここでも、自分の胸の魂に聞いて、スッとするのか、モヤモヤするのかを確認

しましょう。そして、この人は自分にとってよい人だと思ったら、後でメールを送るなりして、さらにつながっていけばいいのです。

必要な出会いは、守護霊が調整してくれますが、その出会いをどのようにつないでいくかは、その人しだいです。守護霊が調整してくれるなら、自分は何もしなくてもいいなんて思っていたら、何も前に進みません。小さい行動でいいので、ビビッときた出会いには、行動を起こして、その縁を大切にしてください。

誰かに対して、ビビッとくる感覚というのは、まさに直観です。そして、この直観に従って行動すると、直観ミラクルが起こります。僕は、こういうビビッときた時には、「次に何が起こるのだろう?」と、いつも楽しみにしています。皆さんも、ぜひそんな感じで直観ミラクルのために行動して、人生を楽しんでみてください。

神様からのミラクルサイン

Sense of Miracles !

神様は、守護霊とは少し、立ち位置が違います。ここで話す神様とは、神道の神様のエネルギーのことです。神様は、いつも私たちを見守ってくれていて、深くつながれば、よい関係を築くことができます。

神様といっても、いろいろな神様がいて、性格やエネルギーも違います。ですから、神社に行って気持ちよい感じがしたというようなことで、自分に合っている神様を見つければいいのだと思います。

では、神様について、皆さんからよく聞かれる質問をご紹介します。

Q 神社は、どのようにお参りすればいいのですか？

神社をお参りする時は、次の６つの基本に気をつければ大丈夫です。

①鳥居でお辞儀をする

鳥居から中は、神様のいらっしゃる神聖な空間になります。鳥居で立ち止まり、お辞儀をして、「お邪魔します」というような気持ちで挨拶《あいさつ》してください。鳥居が複数ある時は、それぞれの鳥居でお辞儀するようにしてください。また、帰る時も、それぞれの鳥居の外側に立ち、お辞儀をしてください。

②参道では、真ん中を避けて歩きます

鳥居から境内《けいだい》に入るまで、参拝者が歩く道を参道と言います。そして、この参道を歩く時は、端《はし》を歩くことが基本です。これは、参道の真ん中を正中《せいちゅう》と呼び、ここは神様が通る場所なので、空けておく必要があるのです。初詣などで参道が混んでいたりすれば、それほど気にする必要はありませんが、普段の参拝では、参道の端を歩き、神様に敬意を示してください。また、鳥居で挨拶する時も、参道の端でしてください。

③手水舎《てみずや》で手と口を清める

ここで手と口を清めることは、穢《けが》れを落とし、心身を清める禊《みそぎ》の儀式を略式化したものです。普段は、柄杓《ひしゃく》を使って行いますが、最近はコロナで柄杓が置かれないようになりました。このような場合は、基本の手と口を清めるということができれば、それほど作法に気を使う必要はありません。

④賽銭箱の前でお参り

賽銭箱の前（中央に立ってよい）まで行き、丁寧《ていねい》にお賽銭を入れてください。そして、鈴などがあれば、お祓《はら》いや神様を呼び招くという意味があるので、鳴らしてください。

⑤二拝《にはい》二拍手《にはくしゅ》一拝《いっぱい》

これが、拝礼の基本です。

＊神様に2回、丁寧にお辞儀（二拝）

＊胸前で両手を合わせ、軽く右手を手前（下）に引いて、２回手を打つ（二拍手）
＊胸前で両手を合わせ、お祈り
＊神様へお辞儀（一拝）

⑥御朱印は参拝の後で

最近、若い人のあいだでも人気のある御朱印ですが、参拝の後でいただきましょう。御朱印というのは、参拝をした印なので、順序的に、参拝をしたあとにいただくべきなのです。

御朱印帳には、神社のものと、お寺のものがあります。僕は、神社とお寺を分けていますが、基本的には、1冊の中にどちらの御朱印を入れてもよいそうです。ただ、神社とお寺の御朱印は、かなりスタイルが違うし、神社とお寺それぞれを尊重する意味でも、御朱印帳を分けられることとお勧めします。御朱印帳というのは単なる記念品ではなく、とてもありがたいものです。亡くなった人の棺桶の中に、御朱印帳を入れる人もいるくらいです。せっかく集めた御朱印帳は、ありがたく大切に保管しておきましょう。

ここでご紹介した、6つの基本を守れば、神様への礼儀を示すことができます。大切なことは、作法を間違えないということよりも、神様に対しての礼儀を示そうという気持ちです。あまり考えすぎずに、気持ちよく、神様のエネルギーを感じてお参りしましょう。

Q 神社に行くとパワーをもらえるのですか？

僕の場合、神社に行く時は、パワーもいただけますが、浄化してもらいに行くことも多いです。鳥居をくぐった境内には結界が張られていて、とてもよいエネルギーが流れています。手水舎で禊をすることで、私たちのエネルギーはさらに清らかになります。石のブレスレットなどは、神社でお参りするだけで浄化されて、キラキラになったりします。

神社の境内やご神殿には、強いエネルギーが流れています。境内では、深呼吸をしながら自分のエネルギーの入れ替えを意識すると、身も心もパワーアップできます。可能であれば、お参りをしたあとも、ゆっくりと境内で時間を過ごしましょう。

そして、最近は、大きな木からエネルギーをいただく人も多くなりました。触れてはいけないとされる神木もありますが、そうでなければ、両手を木に当てて、自分と木と地面のあいだをエネルギーが流れる様子を想像するなどして、エネルギーチャージをしてみましょう。

普段、多くの人と関わりながら生活していると、時としてネガティブな人のエネルギーを浴びてしまうことがあります。それによって自分のエネルギーが元気をなくし、直観ミラクルを起こしにくくなることがあります。ですから、元気がないと感じたり、悪いことが立て続けに起こったりするのであれば、神社に行ってエネルギーを浄化してもらうことをお勧めします。

Q 氏神様は大切なのですか？

全国の神社では、伊勢神宮を別格として、その他の神社は、氏神《うじがみ》神社と崇敬《すうけい》神社とに分けられます。氏神神社というのは、住む場所の神様を祀《まつ》っている神社であり、崇敬神社とは、個人の特別な信仰などから選んだ神社であり、どちらを信仰しても構いません。

ただ、氏神様は、自分が住む土地の神様なので、その土地に住んでいるあいだは、大切にして、お参りすることをお勧めします。引っ越しをする際には、今までお世話になった氏神さまと、これからお世話になる氏神様にご挨拶することで、双方の氏神様に敬意を表すことができます。意外と、この氏神様へのご挨拶をしていない人がいますが、普段は参拝をしないという人でも、人生の転換期や節目には、きちんとご挨拶をしておきたいものです。

自分の住む土地の氏神様がどこなのかは、インターネットなどでも簡単に調べることができます。自分の氏神様が気になるという方は、ぜひ、調べてお参りしてみてください。

Q 神棚はあったほうがいいのですか？

お店とか会社を経営している人の家には、大きな神棚があったりしますよね。自分の家に神棚が欲しいと思っていても、扱いが難しいのではないかと、躊躇《ちゅうちょ》している人も多いと思います。ですが、商売をしている家などは、大きな神棚を置き、しっかりとお祀りしておられます。そして、ちゃんと神棚をお祀りしている家は、商売が繁盛するとも言われています。

神棚がなくても、ダメということはありません。信仰する気持ちがちゃんとあることや、神社に足を運んでお参りすることで、十分、神様に守ってもらえると思います。しかし、神棚のよい点は、毎日気持ちを込めてお手入れをし、拝むことで、神様と深くつながるようになり、家の中に神様エネルギーが生まれてくることです。これこそが、神棚を持つ意義なのです。

人のエネルギーというのは面白いもので、神棚が家にあり、そこで毎日神様に拝んでいると、その場所が神様とつながる場所だという認識ができ、感謝の気持ちや自分の願いなどを伝えることで、どんどんその場所のエネルギーが、神聖で力強い神様パワーを持ち始めるのです。家の中に、パワースポットを作るような感じです。

自宅の神棚をパワースポットにするのは、短期間でできるものではありませんが、きちんと神様と向き合う時間を持つことで、少しずつ叶えられていくのです。

Q 神様にお願いしたらダメなのですか？

神社での作法などは、それぞれの人の視点や考え方で変わるのでしょうが、お願いをしたらダメ、ということはないと思います。神様は、そんな心の小さい方だとは思えません。ただ、神様と会話する時に、基本として持っておくべき姿勢や考え方というものは、あると思います。そこを理解して、自分なりの神様との関わり方を探せばいいのだと思います。

神社に参拝してお祈りをする目的は、**神様に感謝の気持ちを伝えることと、自分自身と向き合って決意をすること**です。この2つを常に意識していれば、大きな間違いはありません。

神様に感謝の気持ちを伝えることとは、まずは神様の存在を信じること。これは、宗教を持つとかいうことではなく、目に見えない世界のエネルギーで自分が生かされているということを、なんとなく感じて、そこに、ありがたいという気持ちを持つことです。

例えば、毎日お日様が昇ることで植物が育つとか、体の中にガン細胞が毎日5000個できても、それをやっつけてくれる免疫細胞があるなど、私たちの周りにはミラクルがいっぱいです。これらのミラクルを、科学的に立証できなければ信じないというような考えではなく、純粋に私たちの想像もつかないような力が働いている、そして、その力に、ありがたいという気持ちを持てばいいのだと思います。そんな感謝の気持ちを、神様にお伝えしましょう。

そして、自分自身と向き合って決意をするというのは、神様と約束するということです。神様にお祈りをするとか、お願いごとをするというと、ついつい、神様に頼んで全てをよくしてもらおうという、他人まかせの考え方になる人がいます。これは、確かに間違いです。

私たちの人生は、自分自身が道を切り拓いていき、自分なりの幸せをつかんでいくものです。

未来を創《つく》っているのは自分自身であり、神様はあくまでも、それを補助してくれている存在です。ですから、自分が幸せを手に入れたいのなら、どんな幸せが欲しくて、何を求めるのかを考え、そのために必要な決意と行動をすることが重要なのです。

神様にお願いしようと思うと、「仕事が成功しますように」という言い方になりがちですが、「しますように」と言うと、自分の中に、まだ仕事は成功して「いない」という、否定的な想いが生まれてしまいます。ですから、すでに仕事が成功している自分を想像して、その成功している自分の気持ちを感じながら、「仕事が成功しました。ありがとうございます」と、肯定的なエネルギーをもって、神様に伝えればいいのです。これは、頼みごとではなく、自分の決意なのです

神様と上手に付き合うことができれば、必ず私たちの味方をしてくれます。これをしなければいけない、という考え方ではなく、神様に感謝の気持ちを伝えたいなど、自分の心から自発的に出てくるような行動をすれば、自然と神様とのつながりが深くなるのだと思います。

Q お寺は神社とどう違うのですか？

神社は、神様が祀られていますが、お寺は、お釈迦様や観音様のように、インドから来た仏様を祀っています。神社は神道の施設で、お寺は仏教の施設です。神社とお寺では、さまざまな

違いがあります。

　神社には、神主《かんぬし》・宮司《ぐうじ》・巫女《みこ》というような方がおられ、神様にお仕えしておられます。一方、お寺は、僧侶《そうりょ》・住職《じゅうしょく》・尼僧《にそう》というような方が、お勤めや修行をされています。

　そして、神社での参拝方法は、二拝二拍手一拝ですが、お寺では、胸の前で合掌《がっしょう》するだけです。この合掌とは、右手が仏様、左手が自分を表し、両手を合わせることで、仏様のご加護をいただくということを意味するのだそうです。このように考えると、合掌する時の気持ちが、より深いものになりますね。

　このように、神社とお寺は全く違うものという感じがしますが、お参りをしていると、似ているところも、けっこうあるものです。ここは、お寺なのに神社みたいだな、というような経験をされた方も多いと思います。これは、神仏習合《しんぶつしゅうごう》時代と言って、神社とお寺は同じだと考えられていた時期があったからなのです。

　しかし、再び神社とお寺が分離するという動きが生まれ、明治新政府による神仏分離令で、神道が国家の宗教と位置づけられたことなどにより、今のように、神社とお寺が区別されるようになったのです。

　人によって、神社とお寺のどちらに、より興味を持つかというような個人差はあります。それは、その人の好みでもありますし、過去世や親族のつながりによって影響されているということもあるので、どちらかに偏ってはいけないということではなく、自分が気持ちよいと思うところに参拝されるのがよいのではないかと思います。

僕は宗教家ではありませんが、神様という存在を信じています。私たちが説明できないようなミラクルを現実の世界で起こしているのは、神様とか宇宙というような大きなエネルギーが関係していると思うからです。

神様がミラクルを作っていると感じることはたくさんありますが、実際にあった素敵なお話を、ここでご紹介したいと思います。

神様の力で末期ガンが消えたEさん

これからお話をする女性Eさんとは、神様を理解しようというような勉強会で知り合いました。とても気さくな方で、すぐにお友だちになりました。年齢は、70歳前後だと思います。

10年以上も前のことですが、Eさんは、末期ガンになってしまいました。しばらく入院をしていたのですが、よい治療法が見つからないまま、体内では出血が止まらなくなっていました。ある日、これ以上できることはないので退院してくださいと、医者に言われてしまいます。

退院をしなければいけない日の前日のこと、Eさんは、残りの人生をどう過ごそうかと考えていました。すると、病院の売店で、裁縫の特集をしている雑誌を見つけました。

その雑誌で、ウェディングドレスを自分で作れるという教室を見つけ、結婚式が近づいている娘さんのために、せめて生きているうちにウェディングドレスを作ってあげたいと考え、レッスンに申し込んだのです。

Ｅさんは、教室に行って、これまでの経緯を先生にお話ししました。そうすると、先生はこう言ったのです。

「あなたは、裁縫を習いにきたのではなく、病気を治しにきたのね」

そして先生は、ある神社に病気を治す人がいるから、Ｅさんもそこに行くべきだと言うのです。藁をもつかみたい心境のＥさんは、さっそく、その神社に行って治療を受けました。そうすると、１回目で出血が止まり、数回でガンがなくなったのです。

今でも元気にされているＥさんは、神様に助けていただいたお礼に、神様やその教えを広めるための活動をされています。人生というのは、大変なことが起こることもありますが、そこに光が差し込み、大きな感動を与えられることもあるのです。そして、そこに「自分の生きる道」が示されることがある。Ｅさんのお話は、まさにそんな感じの出来事なのだと思います。

僕の感覚では、直観ミラクルを起こすのは、あくまで自分自身なのですが、神様のエネルギーは、その直観ミラクルを起こすために、大きなエネルギーで後押ししてくれている、という感じです。ですから、神様ときちんと向き合い、つながることは、とても大切なのです。

亡くなった人からのミラクルサイン

家族が亡くなることは、とてもつらく、悲しいものです。ですが、体はなくなってしまいますが、亡くなった人の魂は存続しています。そして、魂はエネルギーとして分散することもできるので、残された家族全員の近くにいて、私たちを見守ることもできるのです。

霊視をしていると、だいたいどなたでも、亡くなった親族が何人か周りにいますが、その中でも特に自己主張してくる魂があります。

そういう魂は、もともとの性格が強いということもありますし、何か言いたいことがあるとか、自分が存在するということを知ってもらうのが嬉しかったりして、強く自己主張してこられます。

そして、自分のメッセージを伝えてもらえたり、存在を知ってもらえたりすると、とても嬉しそうにしています。

実は、亡くなった人の魂は、いろいろな手段を使って、自分の存在を知ってもらおうとしています。スピリチュアルの世界は全てエネルギーであり、そのエネルギーが私たちの世界の電気系統と相性がいいみたいで、守護霊や亡くなった人の魂も、電気系統を使って、よく私たちにメッセージを送ってきます。

例えば、亡くなった人の話をしていたら、電球が急についたり消えたりするとか、亡くなった人が大好きだった音楽がテレビから流れてきたりすることがあります。または、家族が亡くなって何日か経ってから、携帯電話にその人からメールが届くということも、よく聞きます。

このように、亡くなった人の魂は、私たちにさまざまな方法で話しかけています。ですから、意識を向けてあげれば、サインが来た時にも分かるはずです。そして、そのサインに気づいてあげれば、亡くなった人の魂も喜んでくれるのです。

ほかにも、登山をしていて足を踏み外し、山道から落ちた人がいました。その人は、落ちる時に、亡くなったおばあちゃんに抱かれているような感じがして、地上に降りる時も、ゆっくりと地面に到着したのだそうです。そして、傷ひとつなく無事でした。

このように、亡くなった人はいつも近くで見ていて、私たちを見守ってくれています。それは、幼い子供の魂であっても同じことです。

幼い子供を亡くされたご両親は、とても傷ついてしまい、その子供の死に対して、自分に責任があるのではないかと責めたりすることがあります。そんなふうに苦しんでいるご両親に、言いたいことがあります。

亡くなってしまった子供は、体がなくなっているので痛みはありません。私たちの魂の故郷である、天国のような場所にいるため、とても幸せな気分でいるのです。ですが、両親が悲しんでいたり、苦しんでいたりするのを見ると、子供も悲しくなります。

幼い子供が亡くなってしまうというのは、魂がそうなる人生を選んできたのです。酷なように聞こえますが、本当のことなのです。

幼い子供が亡くなるということは、その子供だけではなく、周りの人にも大きく影響します。この周りの人も含めて、人々がさまざまな経験をするために、幼くして亡くなるということを、その魂はボランティアのように、みずから手を挙げて生まれてくるのです。

そうしてボランティアとして生まれてきてくれたこと、私たちの家族となり経験を与えてくれたことには、感謝しかないのです。

ですから、いつまでも子供さんの死を悲しんでいるより、前向きに自分の人生を見直すとか、亡くなった子供のエネルギーを身近に感じてあげるとか、そういう、前向きな行動をするべきだと思います。

僕のサロンにも、幼い子供を亡くされた方が相談にこられます。最初のころは、つらくて悲しむことしかできない人たちも、亡くなった子供がいつも見てくれていること、親がつらそうにしているのを悲しんでいること、彼らはボランティアとして生まれてきてくれたのだということが理解できてくると、少しずつ気持ちが変わってきます。

そして、いったん前向きに行動し始めると、亡くなった子供のエネルギーを感じることができるようになったり、その姿が見えたりするようなことも起こり、どんどん心が安定していきます。そんな親たちの変化を見て、亡くなった子供の魂も喜んでいるのです。

自分が持って生まれた個性のミラクルサイン

Sense of Miracles !

私たちの中には、周りの人と比べると、少し違った個性を持って生まれてくる人がいます。例えば、僕がゲイとして生まれてきたことにも、この人生でちゃんと意味があり、その個性とどう向き合って生きていくかということまで、生まれる前から決めてきたのです。人がゲイになる原因には、遺伝子説と、生まれてからの環境的要因説とがありますが、僕から見ていると、生まれる前から運命として決められてきたもののように見えます。

生まれる前から決めてきたということは、この人生でとても意味のあることなのです。僕も若いころは、ゲイということを誰にも相談できずに、苦しんだ時もありました。しかし、今となっては、ゲイとカミングアウトすることで、多くの人を励ますことができるようになったし、僕の個性として、好きになってくれる人も多くなりました。

このように、自分の個性がマイナーなことだったりすると、よくないことであるとか、不幸だというような考えを持ちがちですが、この個性を楽しんで人生に活かしていこうと思えれば、その人の人生は大きく変わります。

僕の友だちで、聴覚障害者の人が何人かいます。彼らと知り合って感じたことは、聴覚障害者の人と私たちは、感じている世界が少し違う、ということ。どちらが良いとか悪いとかではなく、何かが違う。そこが、面白いのです。

例えば、彼らは性格的に、とても純粋で明るいところがあります。もちろん、大変な気苦労もあるのでしょうが、明るい性格と、友だちを大切にするところが、僕は大好きです。

彼らと一緒にニューヨークに旅行をして、地下鉄に乗っている時、地下鉄の中で叫んでいる外国人がいました。僕は、気をつけないといけないと思っていましたが、聴覚障害者の友だちには、その叫び声が聞こえていない。その時、初めて、僕の知っている世界と彼らの世界は、少し違うのだと認識しました。

彼らには、周りの人の陰口が聞こえないのです。だから、伝えたことを、素直に率直に受け取ってくれます。裏でこんなこと言われているというような、回りくどい考え方は、彼らにはないのです。

最初は、ガンガン心に入ってくる人たちだと戸惑いましたが、慣れてくると、真正面から付き合ってくれる彼らに、純粋な愛を感じるようにもなりました。自分の持つ個性というのは、素敵なものなのだと思う経験になりました。

今、僕はLGBTQ専門カウンセラーとして活動しています。これは、自分がゲイであり、カミングアウトするまでに考えたことや、アメリカの会社で働いたことで日本と違う文化を見てきたというような、自分の個性や経験を活かした活動だと思っています。このように、自分の個性は、私たちに特別な何かを与えてくれるのです。

ペットからのミラクルサイン

Sense of Miracles！

ペット（ここでは犬と猫）も、宇宙で作られた完璧な生きものです。最近はペットブームで、ペットを飼う人が多いですが、これも、私たちにとって必要なエネルギーを、宇宙がペットを使って与えてくれているのだと思います。

ペットというのは、基本的に癒しのエネルギーを放ち、飼い主や周りの人を癒すために生まれてきています。

ペットにもさまざまな経験や性格があり、時には人間不信におちいってしまっているペットもいますが、彼らはたいてい、周りの人を癒す目的を持っています。特に、飼い主に対しては、自分の命を差し出しても守ろうとしたりします。

例えば、飼い主の代わりに自分が交通事故の犠牲になったり、飼い主の体の悪いエネルギーを自分が吸い取って、代わりに病気になったりもします。もちろん、ペット自身は、飼い主を癒してあげようなどと考えてはいないのでしょうが、彼らは本能的に動いているのです。ありがたいですよね。

飼い主の家族の雰囲気やエネルギーが悪いと、そこで飼われているペットが、そのエネルギーを吸い取って病気になることがあります。もし、病気がちなペットがいたら、ペットの治療もしながら、家庭の中のエネルギーも確認してみてください。

お年寄りや、心が元気でない人には、ペットと暮らすことをお勧めします。僕の母親が軽いウツになった時、僕は犬をプレゼントしました。最初は、くさいとか世話が大変だとか文句を言っていましたが、どんどん犬への愛情が生まれてきて、2カ月くらいでウツは改善されました。

僕のサロンでのカウンセリングでも、歳をとった両親がボケないか心配していると相談されることがあります。こういう時は、ペットを飼うことをお勧めするのですが、両親が年老いているため、ペットの面倒を最後まで見きれないので無理だと言われます。でも、最初から無理だと決めつけるのではなく、どうしたらできるか、そんな考え方を持てる人が、救われるのではないかと思います。

アメリカでは、ドッグセラピーと言って、高度に訓練された犬を、高齢者や、自閉症などの障害を持つ人に触れ合わせることで、心や体のリハビリテーションをするというプログラムが、積極的に取り入れられています。

そして、老人介護施設などでも、セラピー犬が一緒に生活をして、みんなの部屋に行けるようになっており、癒しとエネルギーを与えています。

日本では、ペットがレストランに入れないなど、規制も多いのですが、ペットが私たちに与えてくれている素晴らしいエネルギーを理解し、社会全体がもっとペットを受け入れられるようになればいいなあと思っています。

死が教えてくれるミラクルサイン

Sense of Miracles !

「死ぬ」ということについて、「怖い」と考える人は多いと思います。実際、僕もスピリチュアルの勉強をするまでは、死ぬことがとても怖かったのです。でも、死ぬということは、魂が故郷である天国に帰るのだと分かってからは、その怖さは少なくなりました。

私たちは、みんないつか、自分の死を迎えます。これは、自分自身にとっても、周りの人にとっても、大切な学びがあるからです。死ぬということを通して、私たちに、愛情や感謝の気持ちなどが生まれます。死と向き合うということは、とても重要なことなのです。

僕の知り合いで、臨死体験をした人がいます。彼女は、急に肺が縮小してしまうという病気になってしまい、病院に運ばれましたが、そのまま心肺停止になったのだそうです。彼女が覚えているのは、周りが真っ暗で何も見えない場所にいたのに、とにかく大きな愛に包まれているのが分かり、ここにいてもいいなあと考え始めていたことだそうです。

そんな時、急に自分の子供たちが、「お母さん、帰ってきて！」と泣き叫ぶ姿が見えました。自分は、この子たちのためにも戻らないといけないと思った瞬間、自分の体の中に意識が戻ったのだそうです。

人は、まだ天国に行く時ではないのに、三途《さんず》の川を渡りかけてしまうことがあります。これもやっぱり意味のあることで、その経験から何かを得たり、気づいたりすることがあるのです。彼女の場合は、家族の大切さ、生きることの意味を考えさせられたそうです。

また、年老いて死が近づいている人には、亡くなった人が近くに来て、見えたり話したりすることがあります。多くの人は、痴呆が始まったとか、幻覚が見えているなどと考えがちですが、僕からすると、これは本当に見えているのだと思います。

年を取ると、魂はどんどん天国に近い存在になってきます。そして、天国に帰る日が近づいてくると、亡くなった人が様子を見に来たり、迎えに来てくれたりするのです。そして、その人たちの姿が、本人には見えているのです。ですから、このように話をする人がいたら、それを否定してしまうのではなく、誰が迎えに来ているのか、どんな感じで見えているのか、など、優しく聞いてあげましょう。そこから得られる情報も、たくさんあるのです。

誰でも、死ぬ時は苦しまずに逝《い》きたいと思うものです。でも、長く寝たきりになってしまうとか、病気で苦しんで亡くなる人もいます。彼らと、苦しまずに逝く人との違いは、どこにあるのでしょうか？

もちろん、その人の逝く時の状況は、いろいろな意味があって起こることであり、気づきや学びなど、さまざまなことが関係して起こります。ただ、苦しまずに逝くために、1つだけやっておくといいことがあります。それは、**苦しまずに死ぬ自分を想像し続ける**、ということです。

僕のおばあちゃんは、体も丈夫でしたし、人柄もとてもよい人でした。神社参りやお墓参りもきちんとしていたので、死ぬ時は苦しまずに逝くのだろうと思っていました。ですが、やがて痴呆症になり、最後は寝たきりになってしまいました。僕は、どうしておばあちゃんはこんな状態になってしまったのだろうと、不思議でしかたありませんでしたが、ようやく、その答えを見つけました。

それは、おばあちゃんが元気だったころ、いつもこう言っていたのです。

「私は、死ぬ時に絶対、寝たきりになりたくない」

おばあちゃんは、いつもこう言っていました。そして、こう言いながら、頭の中では、自分が寝たきりになっている姿を想像していたのだと思います。

私たちが、「こうなりたくない」と話す時は、けっこう、そうなっている自分を想像したりしています。この、想像するということは、自分のエネルギーを未来に飛ばすことになり、それが現実になるように引き寄せてしまう行為です。これをずっと続けていたら、そんな未来が来てしまうはずですよね。

ですから、正しい言い方は、「私は楽しく、痛みもなく、ポックリ逝く」です。

僕の、もうひとりのおばあちゃんは、たまたま老人ホームに親戚が何人か集まった時に「楽しかったわ。もう、あした死んでもいいわ」と言って、その夜、寝てから意識がなくなり、そのまま天国に逝きました。

このように、自分が普段なんとなく言っていることが、自分の未来を呼んでしまうのです。

さらに、言葉を発しながら自分の姿を想像したりすると、その未来を呼んでくるパワーは、もっと強くなってしまいます。ですから、本当になってほしい自分の未来を、素直に、言霊《ことだま》として話すよう、普段から気をつけましょう。

僕のサロンにこられる相談者の方で、自分の親族にガンで亡くなる人が多いので、自分もそうなりそうで不安だと話す人がいます。このように話す人は、なにげなく話しているのでしょうが、僕からすると、自分でガンを呼ぶような行為をしてしまっています。つい間違えて言ってしまったとしても、「自分は大丈夫。楽しく、痛みもなく、ポックリ逝くから」と、言い直しましょう。

いかがでしょうか。私たちの周りには、このように、毎日、数えきれないほどのミラクル（奇跡）が起こっているのです。ここでお話ししたようなミラクルに意識を向けていると、どんどん自分の周りのミラクルに気づけるようになります。それは、小さな奇跡かもしれないし、自分の人生が導かれていると思うような、大きく感動的なものかもしれません。

私たちは、何かに意識を向けると、その何かに対する感覚が鋭くなり、たくさんの情報が入ってきたり、大事な機会に気づき始めたりします。

例えば、車を買いたいと思います。すると、車に意識が向き始め、街の看板やテレビなどから情報がたくさん入ってきます。そして、ある特定の車種がいいと思うと、その車種の情報が入り始め、セール情報を得て、お得な値段で購入できる。そんな経験をしたこと、皆さんにもありませんか？　まさに、これが直観ミラクルが起こる過程なのです

私たちの周りのミラクルに気づき始めるということは、直観ミラクルを強めることになります。必要なものを引き寄せ、人生を豊かで幸せなものへと導く、直観ミラクルを起こしましょう！

Akira's Summary

人生はいつもミラクルに満ちている！あなたの周りにある奇跡のサインを見つけよう

守護霊たちが見せてくれるミラクルサイン

本の一文や、街の看板がくれるサイン

テレビや日常会話から来るサイン

ケータイに表示される数字のメッセージ

不思議な出会いに込められたサイン

神社の神様が教えてくれるサイン

亡くなってしまった大切な人からのサイン

ほかとは違う、あなたの個性がもたらすサイン

愛するペットたちがくれる無償の愛

いつかは迎える「死」から学ぶこと

SENSE OF MIRACLES!

第5章

直観パワーアップの開運テクニック

よいことが起こりまくる波動上げ！

直観ミラクルを起こすには、大きな「自分エネルギー」が必要になります。そして、そのエネルギーが、ポジティブで大きなものであればあるほど、直観ミラクルも比例して、ポジティブで大きなものになるのです。つまり、自分や周りのエネルギーを強くすることは、直観ミラクルを起こしやすくすることにもなり、さらには開運へとつながるのです。

この章では、直観ミラクルをさらにパワーアップさせるための、自分や周りのエネルギーを強くポジティブに変えてくれる、さまざまな開運テクニックをご紹介します。いろいろと試してみて、自分に合っているなと思うものを、続けてみてください。

まず、自分のエネルギーを強くポジティブにするために、いちばん大切なのは**波動**です。

波動とは、エネルギーの振動のことで、スピリチュアルな世界では、全てのことが波動と関係しています。私たちには、魂から出ているオーラというエネルギーがありますが、このオーラにも波動があり、エネルギーが良いか悪いかというのは、この波動で決まります。

よく、波動が高いとか低いという言い方をします。波動が高いほうがポジティブで強いというイメージがありますし、波動が低ければネガティブで弱いというイメージがありますよね。

しかし、ここが勘違いしやすい点なのですが、必ずしも外から見たイメージや、その人の実績などと、波動が一致しているわけではありません。

例えば、見た目もカッコよく、仕事も成功していて、1億円を稼いでいる人がいるとします。メディアに取りあげられたり、ビジネス界で教祖様のように扱われたりするような人がいますよね。だからと言って、その人の波動が高いかというと、必ずしもそうではないのです。

波動が高いというのは、キーワード的に言うと、愛・楽しい・安定・強い・受容・分け合う、というようなものになります。反対に、波動が低いというのは、憎しみ・悲しみ・不安定・怒り・独り占め、のようなキーワードで表されるものです。

先ほどの、仕事で成功している人の例でも、オフィスではいつもイライラしていて、どなってばかりいるとか、プライベートは全く楽しめていないなど、見えている部分以外で波動が低くなっているという人がいるものです。ここを見極める力が、実はとても大切なのです。波動は、お互いに影響し合うものであり、ちゃんと相手の波動を感じて付き合わないと、自分にも大きく影響して、自分の波動が下がったり上がったりしてしまうのです。

ということで、これから、自分の波動を上げる開運テクニックをご紹介しましょう。

波動には、波動の引き寄せ法則が働き、同じような波動のものどうしが引き寄せ合います。

ですから、ポジティブな人や物を手に入れたいと思ったら、まず自分の波動を高くすることが大切です。

反対に、自分の波動を高くできていないのに、ポジティブな人とつながろうと思って、やみくもに行動しても、自分がつらくなってしまったり、相手が離れていったりするものです。

ですから、ポジティブな人や物を手に入れたいのなら、まずは自分の波動を高くすることを考えてみてください。これは、直観ミラクルを起こすための基本でもあります。

波動を高めるには、どうすればいいの？

Sense of Miracles !

自分の波動を高くする方法はいろいろあって、これからいくつかご紹介しますが、いちばんの基本で、最も大切なことは、自分の気持ちをポジティブ（前向き）にしておくことです。

自分の気持ちをポジティブにすると言うと、皆さんから、「いつも元気でよい結果を出し続けるというようなことは、普通の人には難しいわよ」と思われそうですが、実は、もっと簡単でシンプルなものなのです。

波動を高くするための基本は、心に余裕を持ち、自分が楽しめることをすることです。

心に余裕を持つためには、第3章でご紹介している、ジャッジしないという練習をしてみてください。ジャッジしないことで、小さなことにいちいち左右されない平常心が得られます。

そして、平常心を保つと、何かでイライラするとか、クヨクヨ悩むというようなネガティブな感情が減っていき、エネルギーが安定してきます。そして、エネルギーが安定すると、心の中にほどよい余裕が生まれてくるのです。

この心の余裕が、とても大切なのです。心に余裕があると、愛情や優しさが自分の中に生まれるし、あるがままの自分でいられるようになります。

この状態になったところで、自分が楽しいと思う気持ちを大切にすればいいのです。自分の楽しいという気持ちは、魂を喜ばせることにつながり、**魂を喜ばせるということは、魂のエネルギーをポジティブにすることになり、波動も上がっていく**のです。

この場合の「楽しい」というのは、豪華な客船に乗ってディナーを楽しむとか、有名人と付き合うとか、そんなことではありません。日常に起こる小さな楽しみで十分なのです。例えば、ペットの寝顔を見てかわいいと思うとか、大好きなアンパンを買ってきて食べるとか、そんな、心から楽しいと感じることを、毎日意識しながら過ごせばいいのです。

波動の高さとは、その人が何をやったかとか、お金をどれだけ持っているかということで変わるのではなく、こういうシンプルなことで決まるのです。

波動を上げるには、さらに、こんな方法もあります。

＊言霊パワーで波動アップ

言霊とは、私たちが発する言葉が持つエネルギーのことです。言霊のエネルギーは、自分自身に対してだけでなく、周りの人や環境、未来に向けても影響を与えます。ですから、自分がどんな言葉を発するかということを、ちゃんと理解しておくことが大切です。

よい言霊と言われるのは、「ありがとう」というような感謝を表す言葉や「嬉しい」などの、幸せな気持ちを表すポジティブな言葉です。反対に、悪い言霊というのは、「できない」という否定の言葉や、「最悪」という言葉のように、不幸エネルギー全開で愚痴や悪口につながるようなネガティブな言葉です。

「ありがとう」は、よい言霊として有名な言葉ですが、この「ありがとう」には、そもそも、その言葉が持つ音にも、よいエネルギーがあると言われています。ですから、感謝する想いが入っていなくても、単に「ありがとう」をたくさん言うだけでも、ラッキーなことが起こると言われています。ですが、やはり心を込めて「ありがとう」と言いたいですよね。

例えば、レストランやショップでも、お世話になった方に、きちんと「ありがとうございます」と言うなど、誰かに感謝するようなことが起こったら、ちゃんと「ありがとう」を伝えましょう。そうすると、「ありがとう」という言葉の持つエネルギーが、自分から外の世界に広がっていきます。そして、そのエネルギーが世界を回って、また「ありがとう」と言いたくなるようなことが、自分に起こると言われています。その「ありがとう」の数が多ければ多いほど、大きなエネルギーとして自分に返ってくるわけです。

逆に、「できない」「面倒」などの言葉、愚痴や悪口は、ネガティブな言霊を発する言葉になります。このようなネガティブな言葉を発している裏には、必ず、怒りや満たされていない気持ちのエネルギーが自分の中にあるため、言葉だけでなく、自分の想いから来るネガティブ・エネルギーも、一緒に周りの世界に投げかけてしまいます。そうすると、そのネガティブ・エネルギーは、ネガティブな出来事として自分に返ってきます。

僕が客室乗務員の仕事をしていた時、飛行機に乗ってから、ずっと文句を言われるお客様がいらっしゃいました。すると、離陸をした後、なぜかこの方のテレビ画面が壊れていて、さらに文句は続きます。満席で３００人近くいる客室の中で、テレビ画面が壊れているのは、そのお客様だけです。このように、周りから冷静に見ていると、言霊のエネルギーがきちんと返ってきていることが、よく分かるのです。

僕から見て、いつも気になるネガティブな言葉が1つあります。それは、「私なんて」です。日本人は、自分を下げる文化がありますから、誰かに褒められた時にも「いえいえ、私なんてまだまだ」というようなことを言ってしまいます。しかしこうした言葉は、自分はまだダメなのだという考えとなり、そのエネルギーを外の世界にも飛ばしてしまいます。ですから、このように褒められた時は、相手がたとえお世辞で言ったとしても、シンプルに「ありがとうございます」と受け取り、感謝すればいいのです。

言霊のエネルギーは私たちの未来にも大きく影響しています。例えば、ある競技で優勝したいと願っているのに、「よくて、準優勝までだな」というようなことを、けっこう人は言っているものです。本人は優勝したいと思っていても、頭が無理だと考え、言霊によって準優勝というエネルギーを未来に飛ばしているわけです。これだと、どれだけ頑張っても、やはり準優勝までにしかならないのです。ですから、こんな時は、「絶対に優勝する」と、自分にも周りにも言わないとダメなのです。

私たちは、このように、気づかないうちに、自分の未来を否定してしまうような、ネガティブな言霊を使っているものです。こうしたネガティブな言霊を使っていると、結果として、直観ミラクルも、物足りないものになってしまいます。言霊というのは、少し気をつけることで、どんどんポジティブに変わっていくものなので、意識して直しておきましょう。

*念のパワーで波動アップ

念というのは、自分の魂や考えから生まれてくるエネルギーです。念は、何かを思ったりすることで、エネルギーとして、いろいろな場所に飛んでいきます。

よい念としては、誰かが幸せになるような念とか、自分の未来がよくなるようにという、願いを込めた念などがあります。反対に、悪い念とは、誰かを恨んで、不幸せになれと思いながら飛ばす念とか、自分の未来の夢を不可能だと諦めてしまうような念などです。

自分の波動をアップさせるには、この、よい念を上手に使わないとダメです。念というのは、自分の周りや未来に向けてよいエネルギーを送り、変化させていくことができます。上手に念を使えば、自分や周りの波動をどんどん上げていくことができるのです。

例えば、あなたが働いている会社の、職場の雰囲気が悪いとします。そんな職場で、ここにいるのは嫌だなとか、上司がダメなんだよなどと、ネガティブなことばかりを考えていたら、そういう念が周りに飛んでしまい、職場がさらに悪い雰囲気になります。ですから、職場の雰囲気は絶対によくなると考えながら、職場や未来の自分に向けて、念のエネルギーを飛ばすべきなのです。

念の飛ばし方としては、僕の場合は、先にも述べた「第3の目」のあたりに、理想とする未来を想像します。そして、その想像したエネルギーを、第3の目を通して、未来に向けて勢いよく飛ばす感じです。あとは、そのエネルギーが自分の未来を変えていくと思えばいいのです。

念というのは、目には見えませんが、実は、とても強力なエネルギーです。なりたい自分や理想の未来を引き寄せることができれば、自然と自分を幸せと感じるようになり、波動も高くなるのです。

また、生霊《いきりょう》と呼ばれている、生きている人の念が飛んでくることがあります。生霊と聞くと、おどろおどろしいものを想像するかもしれませんが、案外、日常的に飛びかっているものです。しかし、中には、非常に強くて面倒なエネルギーもあります。

例えば、意見の食い違いなどにより、テレビのコメンテーターに対して、視聴者の誰かが「バカ野郎」というような、強く批判的な感情を抱いたとします。そうすると、その強くネガティブな念は、コメンテーターに届いてしまうのです。実際に、体がだるく感じるとか、その人の周囲で小さなトラブルが続くということが起こったりします。このような形で、念というのは、たとえ自分が悪いことをしていなくても、意外と飛んできているものなのです。

自分に生霊が飛んできているかもと思う時は、お香や天然塩などを使って体やその場所を清めるとか、神社などに行って自分のエネルギーを浄化してもらうことをお勧めします。

先にも書いたように、生霊というのは、案外たくさん飛んでいるものなので、あまり神経質になる必要はありません。しかし、体調不良が長く続くとか、なぜか身の周りにトラブルが多くなったという時などは、直観ミラクルを邪魔している場合があるので、お清めや浄化をきちんとしておくとよいと思います。

*自然のパワーで波動アップ

自然というのは、ほんと、とてつもなく大きなパワーを持っています。私たちは、知らず知らずのうちに、自然からエネルギーをもらっているのですが、少し理解をして意識するだけで、この自然エネルギーを、上手に使うことができます。

例えば、**山は強いエネルギーを放っています**。昔から、山の神様と言われるくらい、山には神様が存在するとされ、それぞれの地域で御神体として祀られてきました。昔の人は、そういう山から出ているエネルギーを感じていたのでしょうね。私たちも、富士山を見ると、すごいと思ったり、思わず拝みたくなったりするというのは、山の神を、どこかで感じているからなのだと思います。

このように、山からは強いエネルギーをもらえるので、勇気をもらいたい時や、何か新しいことを始める時などに、自分が強くなるエネルギーをいただきに行くといいのです。

そして、**海は浄化や癒しのエネルギーを放っています**。スピリチュアルな世界では、浄化をするために、よく天然塩を使いますが、海はまさに天然塩のお風呂に入るようなものです。海に入ることで、体もエネルギーも浄化されますが、海に入らず、近くにいるだけでも十分です。私たちは、悩みごとがあったりすると、なんとなく海に行きたくなったりするものですが、それは、魂が必要とする行動を、自然にとっているからです。

普段の生活に自然のパワーを簡単に取り入れたければ、お花を利用するといいと思います。**お花は、私たちに癒しのパワーを注いでくれます**。体調が悪い時や、心を癒されたい時には、

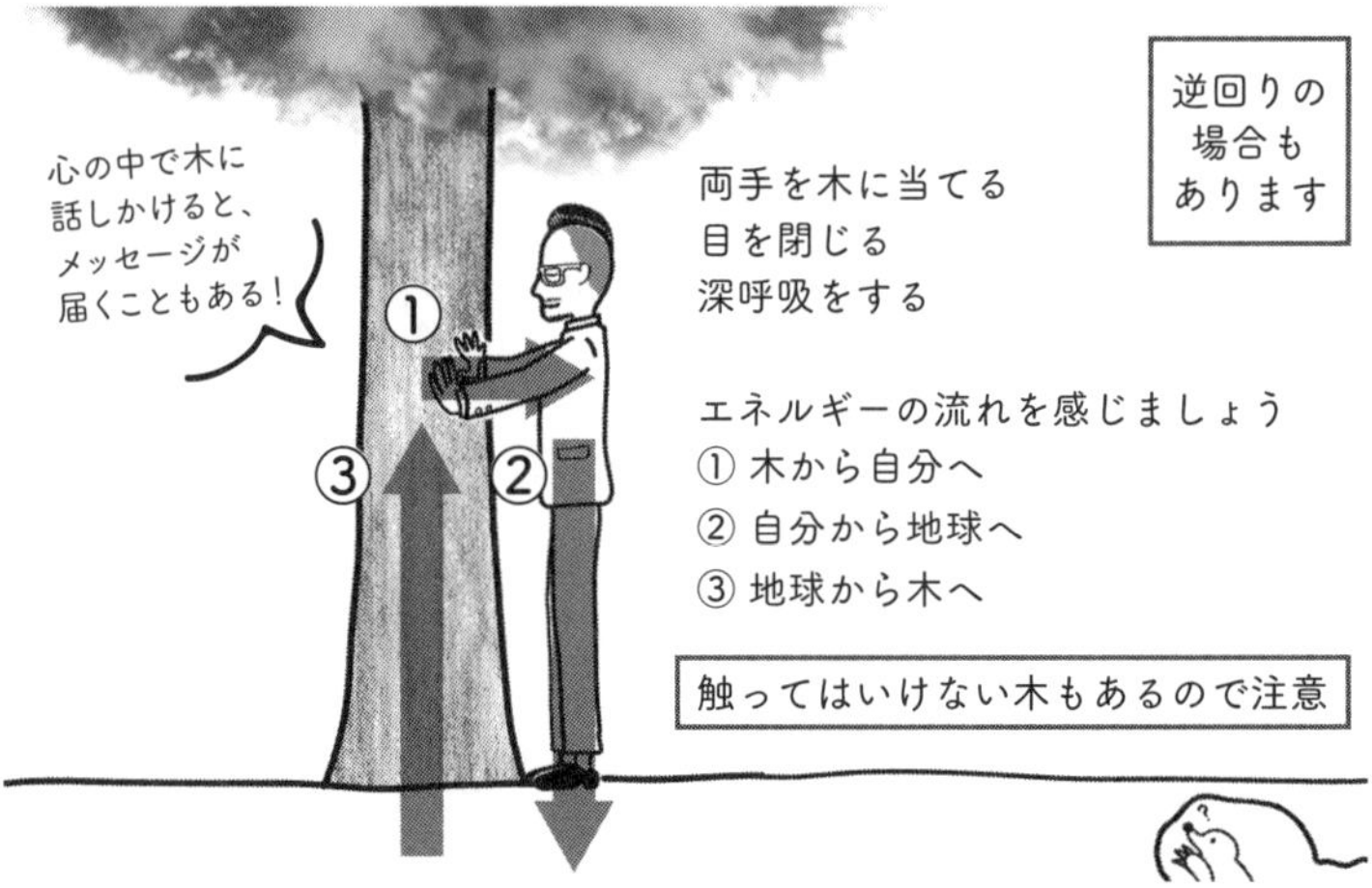
逆回りの
場合も
あります
心の中で木に
話しかけると、
メッセージが
届くこともある！
両手を木に当てる
目を閉じる
深呼吸をする
エネルギーの流れを感じましょう
① 木から自分へ
② 自分から地球へ
③ 地球から木へ
触ってはいけない木もあるので注意

生花を買ってきて家に飾るとか、庭いじりをして花と触れ合うということがいいのです。

以前、華道家の假屋崎省吾《かりやざきしょうご》さんが、体調が悪い時でも、お花をいじっていると、よくなるのですと、おっしゃっていました。ほんと、そうなのだと思います。最近は、SNSでも花の画像を紹介する人がとても増えました。

ちなみに、素敵な造花やプリザーブドフラワーも、見ることで癒されることはありますが、花からは癒しエネルギーが放たれていないので、花の癒しをたくさん浴びたいのなら、やはり生花がお勧めです。

もう1つお勧めしたいのは、木からエネルギーをもらうことです。僕は、よく神社に行った時に、境内の木からパワーをもらってきます。木に触れながら目を閉じていると、ひとむかし前なら変わった人と思われたかもしれませんが、最近はテレビなどでも木からパワーをもらう人が増えていると紹介されているからか、めずらしいことではなくなってきました。

木からパワーをいただく方法はいろいろあると思いますが、僕はこんな感じでやっています。まず、両手を木に当てて、目を閉じます。そして、深呼吸をしながら、木から自分へ、自分から地球へ、地球から木というようなエネルギーの流れを感じ続けます。

そうしながら、心の中で木に話しかけると、メッセージが届くこともあります。時間は1分くらいでいいので、自分の体が木や地球と一体になり、エネルギーをたくさんもらったところをイメージしましょう。

このように、自然からパワーをもらうと、自分のエネルギーのバランスがとてもよくなります。その結果、心が安定すると、やはり波動を上げることにつながるのです。忙しい毎日でも、できるだけ自然を意識して、自分のエネルギー調整をしましょう。

＊高い波動と触れ合って波動アップ

私たちの波動は、お互いに触れ合うことで影響し合います。実際にハグをしたり（抱きあったり）しなくても、一緒に時間を過ごすということでも大丈夫です。ですから、波動が高いと思う人や物と、どんどん接する時間を持つといいのです。そうすることで、その人や物のエネルギーを「もらう」というよりも、その人の波動が自分に移ってきて、自分の波動が高くなっていく感じになります。

高い波動を持つ人というのは、その周りにも、高い波動を持つ人が集まっています。これは、波動の法則や引き寄せの法則と言われるもので、自分と同じような波動の高さどうしで、引き寄せられているのです。ですから、波動の高い人と接することは、その周りにいる波動の高い人からも影響されるようになり、波動アップがどんどん加速されるのです。

直観ミラクルが起こる時は、人とのつながりに助けられることが多くあります。誰でも経験したことがあると思いますが、人生におけるある時期、自分のつきあう人が大きく変わることがあります。これは、直観ミラクルを起こすために、宇宙が計画しているものであることが多いのです。

ですから、人のつながりが大きく変わってきたなと思った時は、その出会いの意味や必要性をよく考えて行動すれば、直観ミラクルが、さらに起こりやすくなるのです。ただ、相手を利用しようとか、あまりに利己的に考えすぎると、うまくいかなくなってしまいます。ごく自然に、出会いを楽しみながら、自分の魂から出る気持ちや考えに従って行動すればいいのです。

＊エネルギーバンパイアに注意！

高い波動を持つ人と接することで、そのよい影響を受けることができるのですが、逆に、低い波動を持つ人と接することで、自分の波動を低くしてしまうことがあるので、注意が必要です。

そして、波動の低い人の中には、**「エネルギーバンパイア」**と呼ばれる怖い人がいるので、気をつけましょう。

エネルギーバンパイアとは、自分より波動の高い人に近寄り、その人からバンパイア（吸血鬼）のようにエネルギーを吸い取って自分の栄養とする人です。そして、エネルギーバンパイアからエネルギーを吸い取られた人は、自分のエネルギーがどんどん減っていくために、自身の波動もどんどん低くなっていきます。

エネルギーバンパイアは、いつも文句を言ったり、悩みごとを話したりしているような人です。彼らは、周りに聞いてくれる人を見つけたら、ガチっと捕まえて、愚痴を言い続けます。しかも、相手の愚痴は一言も聞かずに、自分からの一方通行で相手を利用し、エネルギーを吸い取ります。そうして、自分は元気になるのですが、聞いていた人は元気をなくしていくのです。あなたの周りにも、こういう人いますよね？

エネルギーバンパイアは、優しそうで、話を聞いてくれそうな人を見つけたら、なかなか離しません。話を聞く側の人も、優しい人が多いので、どんどん疲れて波動も下がっていくのに、突き放すのは悪いと考えてしまい、なかなか離れることができないのです。でも、こんな人に捕まってしまったら、できるだけ早いうちに、その人から距離を置きましょう。

エネルギーバンパイアは、基本的に自分のことしか考えておらず、聞いてくれる人のことは、全く考えていません。しかも、今まで話を聞いてくれていた人が聞いてくれなくなったり、エネルギー源として使えなくなったりしたら、すぐに次の優しい人を見つけて、その人からエネルギーを奪い始めます。ですから、こうしたエネルギーバンパイアに、「話を聞いてあげないと悪い」なんて、考える必要はないのです。

こんなエネルギーバンパイアまではいかなくても、ずっと愚痴を言っている人っていますよね。こういう人は、エネルギーを吸い取るまではいかなくても、ずっとネガティブなエネルギーを、周りの人に投げかけています。こうしたネガティブ・エネルギーを、ずっと浴びていると、相手の波動の影響を受けて、疲れを感じたり、落ち込んだりすることがあります。

とにかく、ずっと愚痴を言っている人からは、距離を置くようにしましょう。

*色のパワーで波動アップ

色が持つエネルギーというものがあって、色を上手に使うと、自分の波動を上げることができます。例えば、赤色というのは、気合を入れたい時などに、強いエネルギーを与えてくれます。ですから、試験や面接という大切な時には、赤色の下着を履くとか、赤色の小物を身に着けていると、自分の本領を発揮して、よい結果につながると言われています。

私たちの体には、チャクラと呼ばれる、エネルギーの出入りする場所があり、体の中心に、

７つのチャクラがあると言われています。このチャクラは、私たちが生きていく上で、とても大切なエネルギーの調整をする場所であり、７つのチャクラには、それぞれ関係する色があります（別図を参照）。

僕なんかも、瞑想をしてチャクラを活性化させる時など、この色を使って瞑想をするのですが、それぞれの色の意味を理解することで、色のパワーを上手に使うことができるようになります。そこで、７つのチャクラと色の説明と、その色をどのように利用すればいいのかをご紹介したいと思います。

７つのチャクラは、体のいちばん下を第１チャクラと呼び、頭の上にあるチャクラが第７チャクラになります。チャクラは、体の下にあるほど、生命に必要なエネルギーを調整していて、体の上になるほど、高次のエネルギーをつかさどることになっています。

では、第１チャクラから、見ていきましょう。

第１チャクラ

〔位置〕尾骨のあたり・肛門と生殖器のあいだ

〔色〕赤

〔エネルギーの種類〕大地とつながり生命に必要なエネルギー

〔キーワード〕生命力・安全・グラウンディング

赤は、大地とつながり、私たちに、荒削りのエネルギーではありますが、とても強くて生きるために最も必要なエネルギーを与えてくれます。ですから、生きるために必要な仕事や挑戦をする時に自分のエネルギーを強めたいと思ったら、赤色を利用するべきです。

僕から見ていると、赤色の下着を履いていると、そのあたりのオーラが赤く変わっていきます。エネルギーが同調しているのですね。これが、私たちに必要な強さや勇気を、与えてくれることになるのです。

基本的に、赤は、生命力や大地からのエネルギーを取り入れる色です。体の調子が悪いとか、生活する上での困難にぶち当たり、恐れを感じる時などに、使ってみてください。ただ、赤色のエネルギーは、とても強いので、体や心が弱っている時は、少しの赤を取り入れることから始め、慣れてきたら、少しずつ赤色を増やすといいと思います。

なお、色のパワーをもらうにあたって、その色を身に着けないといけない、ということは、ありません。例えば、携帯電話のカバーを赤にすれば、普段から持ち歩くことになり、1日に何回も赤色を見ることになります。

このように、その色が目に入ってくるだけでも、色が持つパワーを、ちゃんと受け取ることができるのです。

チャクラ

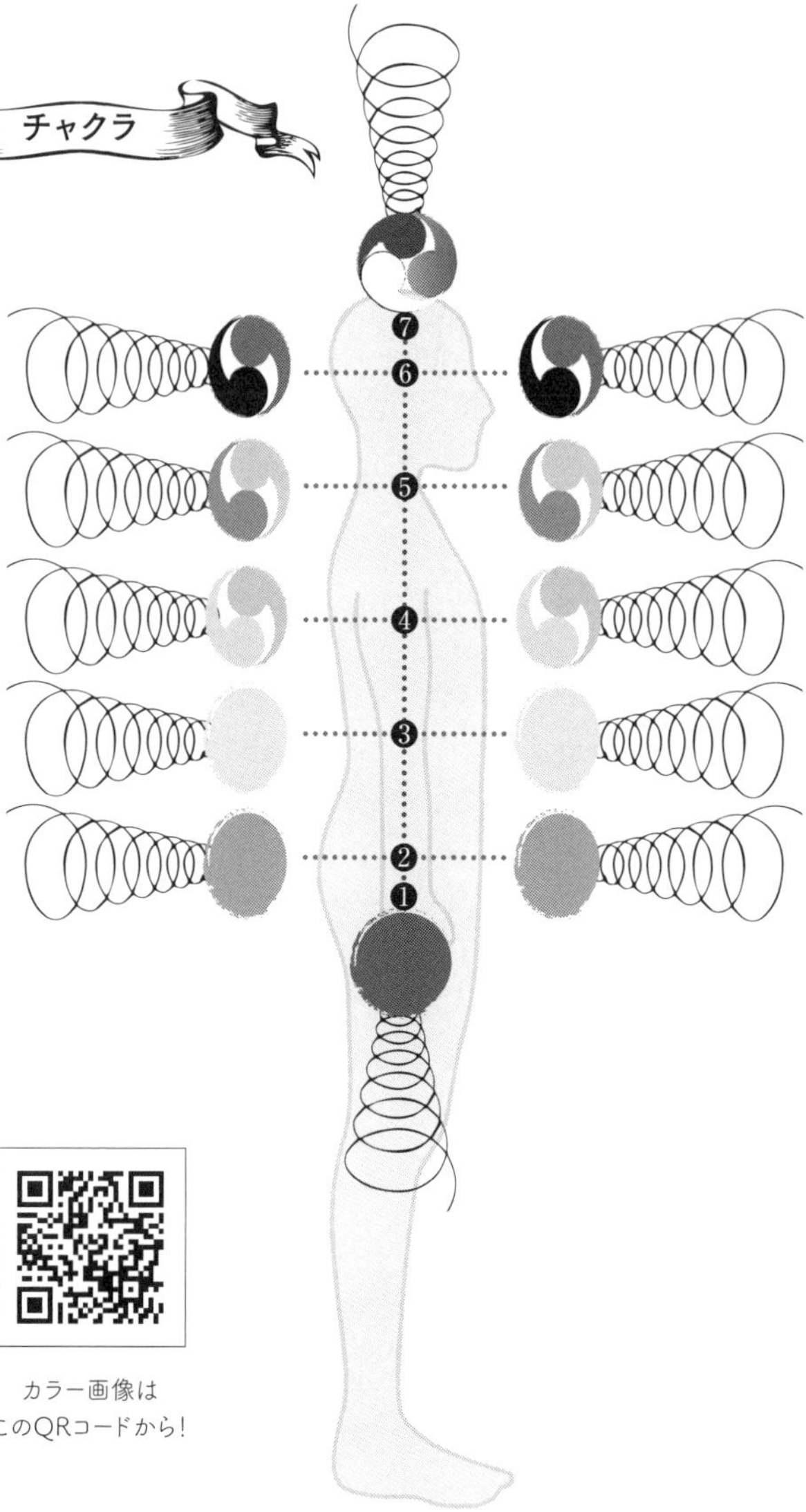

カラー画像は
このQRコードから!

❶ 第１チャクラ【赤】

❷ 第２チャクラ【オレンジ色】

❸ 第３チャクラ【黄色】

❹ 第４チャクラ【緑・ピンク】

❺ 第５チャクラ【ターコイズブルー・青】

❻ 第６チャクラ【藍色・ダークブルー】

❼ 第７チャクラ【紫・白・ゴールド】

第2チャクラ
〔位置〕丹田と言われるヘソの下3センチのあたり
〔色〕オレンジ色
〔エネルギーの種類〕肉体的や物質的な欲求に関わるエネルギー
〔キーワード〕物欲・性的欲求・他人との関わり

オレンジ色は、赤に比べて、もう少し人間らしいエネルギーになります。単に生きるために必要なエネルギーから、生きていく上で必要な基本的欲求が関係してくるエネルギーになった感じです。

丹田は、体の中心にあたる場所で、とても大切なところです。ここは、エネルギーのバランス調整や、自分の欲求を満たすための覚悟というような強さを生み出す場所です。ですから、オレンジ色は、人間関係に疲れている人や、行動や決断がなかなかできない人などに、お勧めの色です。

第2チャクラは、外の世界との関わりを扱う場所ですが、どちらかというと、自分自身の感情や考えから生まれる壁を、乗り越えるために必要なエネルギーです。自分の感情や考え方が、前に進む上で問題となっているような時は、オレンジ色のパワーを利用してみましょう。

第3チャクラ
〔位置〕　みぞおちのあたり
〔色〕　黄色
〔エネルギーの種類〕　社会の中の自分を意識したエネルギー
〔キーワード〕　自信・思考・権力

黄色は、自分をより楽しませたり、幸せに感じさせたり、誰かに必要とされるというようなことで、自分を満たすことができるエネルギーと関係があります。

そこから派生して、黄色は、面白さとか金運というものに、関係があるのだと思います。実際に、僕がオーラを見ていても、心に遊び心のある面白い人は、黄色のオーラが出ています。よく、金運をよくするのには黄色がいいと言いますが、黄色には人を幸せと感じさせるものを引き寄せる力があり、その人が金運を求めれば、お金が幸せとして引き寄せられるのですね。

自分の人生を楽しめていないと感じる人や、自信を得たいと思う人などは、黄色を取り入れるといいと思います。

第4チャクラ（ハートチャクラ）
〔位置〕　胸の中心

〔色〕緑・ピンク
〔エネルギーの種類〕愛情や慈愛などを扱うエネルギー
〔キーワード〕愛の交換・他人への優しさ・心のつながり

第4チャクラの色は、緑とピンクと言われています。緑の場合、癒しのエネルギーが強くなるし、ピンクの場合は、愛情に関わるエネルギーが強く出てくるのだと思います。そして、自分の感覚で、その時々で必要だと思う色を使うといいでしょう。

胸のチャクラは、他の人と愛情や思いやりなどのエネルギーのやり取りをするので、僕はとても大切なチャクラだと思っています。私たちが、生きがいや喜びを感じるのは、誰かを愛したり、大切に思い合ったりすることから生まれてくると思うからです。

誰かを好きになり、自分に振り向いてほしい時は、自分の胸チャクラからピンクのエネルギーが相手の胸チャクラに飛んでいき、そのエネルギーが、また自分に返ってくるところを想像してみてください。これは、単に相手の人が自分のことを好きになってくれる「おまじない」ではなく、このようにして愛情のエネルギーを誰かとやりとりすることで、自分の心（チャクラ）を開くことにもなるし、愛情エネルギーのキャッチボールをする練習にもなるのです。

このエネルギーのキャッチボールが上手にできると、自分の気持ちを上手に伝えられるようになったり、相手の気持ちをより理解できるようになったりするので、その人との良好な関係が作りやすくなるのです。これは、恋愛だけでなく、友人や同僚でも同じように使えるので、ぜひ試してみてください。

逆に、胸のチャクラが元気でないと、他の人との愛情エネルギーのやりとりがうまくできないので、どうしても人間関係に問題が生じやすくなります。

例えば、私は恋愛が苦手なのですという人は、僕から見ると、胸のチャクラが閉じているように見えます。これは、子供のころのトラウマが原因で、人との交流が怖いと思っているから起こることもありますし、過去に恋愛を失敗した経験から、自分は恋愛がヘタだと思ってしまうことからも起こります。

こんな状態になっている時、本来は、自分の持っている問題を見つめ直すことが肝心なのですが、まずはとにかく色のエネルギーを使って、胸のチャクラを活性化させてあげてください。やり方は簡単で、パステルカラーのような明るいピンクや緑を、服装やアクセサリーなどに取り入れるだけです。高価なものでなくていいのですが、ピンクや緑の天然石を胸のあたりに着けておくと、効果はさらに大きくなると思います。

第5チャクラ
〔位置〕喉のあたり
〔色〕ターコイズブルー・青

〔エネルギーの種類〕自分を表現するエネルギー
〔キーワード〕コミュニケーション・言霊・表現

喉にトラブルを持つ人は、意外と多いものです。そんな人のほとんどは、喉のチャクラのエネルギーが弱くなっています。

喉のチャクラは、コミュニケーションや表現に関わるエネルギーを扱う場所です。言いたいことがあるのに言えない、というような状況が続くと、喉のチャクラの働きが悪くなっていくのです。

喉のチャクラは、自分の意見を言うとか、考えを表現するということで、活性化することができます。ですから、上司や家族に自分の意見を直接伝えるとか、自分のやりたいことをSNSで発信していくなど、自分の意見や考えを誰かに伝えていけばいいのです。この時に気をつけてほしいのは、伝え方や言葉をちゃんと選ばないといけない、ということです。

例えば、反社会的な考えと意見を持っていて、それを外に向けて発信したいとします。たとえ反社会的なことであっても、自分の意見を発信することは大切です。自分の意見を発信できないで飲み込んでしまうと、喉のチャクラのエネルギーの流れが悪くなり、結果としてチャクラも弱くなってしまうからです。ですが、発信をする際に、誰かを誹謗中傷したり、汚い言葉を使ったりすると、喉のチャクラの色が黒く、くすんでいく感じがします。

ですから、何でも思っていることを伝えればいいというのではなく、あくまでも、よいコミュニケーションを持つことが大切だということを、忘れないでください。

2020年12月から、占星術の世界では、新しい「風の時代」が始まりました。風の時代とは、個人・流動的・コミュニケーション・SNSというようなことが重要とされる、新しい時代です。この新しい流れに乗るためには、SNSを上手に利用することも必要です。自分の中で、コミュニケーションやSNSに対して苦手意識のある人は、ターコイズブルーや青色を、サイトの背景や文字などに意識的に取り入れることをお勧めします。

第6チャクラ

〔位置〕眉間にある第3の目

〔色〕藍色・ダークブルー

〔エネルギーの種類〕スピリチュアルな世界の情報を読み取るエネルギー

〔キーワード〕霊視・直観力・念送り

第3の目は、霊視をする時など、さまざまな情報を得るために使う、もう1つの目です。先にも述べたように、私たちが、まだ言葉を使っていなかった昔は、この第3の目を使って、テレパシーのようなもので会話していたと言われています。ですが、言葉を使って会話するようになってから、第3の目の働きが衰退していってしまいました。

ですが、今でも私たちは第3の目を持っていて、人により個人差はありますが、この第3の目を使って、スピリチュアルな世界のエネルギーから情報を得ています。気配を感じる、直感、以心伝心などというのは、知らず知らずのうちに、この第3の目を使っているのです。

自分の第3の目を活性化したければ、僕の考えた「第3の目のトレーニング」をするか（前著『守護霊リーディング』参照）、簡単な瞑想をするような感じで、以下のようにイメージしてください。

目を閉じて、第3の目のあたりに藍色の光が円を作りながら回っていて、どんどん輝きながら回転が速くなるところを数分間、想像してみましょう。これは、第6チャクラを活性化する瞑想で、続けていけば、衰退していた第3の目が活性化されます。

第7チャクラ（クラウンチャクラ）

〔位置〕頭頂部のあたり

〔色〕紫・白・ゴールド

〔エネルギーの種類〕高次元や宇宙とつながるエネルギー

〔キーワード〕高次元・宇宙・覚醒

最後は、宇宙や高次元の世界とつながり、そこからのメッセージやエネルギーを取り入れてくれている第7チャクラです。このチャクラが活性化されていると、宇宙の真理が理解できるようになり、心も体も安定してきます。

直観ミラクルを使って開運するには、この第7チャクラが活性化されることが、とても大切なのですが、第7チャクラを活性化させるには、今までお話ししてきた全てのチャクラが、バランスのよい状態でないとダメなのです。それによって、宇宙からのエネルギーが、頭頂部から入って第1チャクラまで流れ、その逆のエネルギーの流れも、スムーズになるのです。そうすると、宇宙や高次元ともよいつながりができ、人生の本質を理解する、崇高な意識で生きられるのです。

ちなみに、霊感の強い人には、紫色が好きな人が多いです。これは、紫が高次元とつながる色なので、知らないうちに、ひきつけられる色となるのですね。あと金色も、高次元とつながるだけでなく、とても強い、ポジティブなエネルギーを持っています。ですから、霊的エネルギーを強くして開運したければ、金色を身に着けることをお勧めします。

さて、ここまで色のパワーについてお話ししてきましたが、色にも、濃い色や薄い色など、その種類はたくさんあります。ですから、7つのチャクラを意識しながら、自分の好みの色を生活に取り入れて、波動をアップさせるといいと思います。

効果的に色のパワーを使いたいのであれば、パステルカラーのように、できるだけ明るい色をお勧めします。そのほうが、気分も楽しくなるし、エネルギーも強いものになるのです。ぜひ、その違いを感じてみてください。

風水を取り入れて開運

Sense of Miracles !

風水は、自然界のものが持つエネルギーのバランスを考えることで、「気」と呼ばれるエネルギーの流れをコントロールするという考えです。「気」にも、良いものと悪いものがあります。この「気」を良くすることで、家や人に、良いエネルギーが流れてくるようになるのです。

今までお話ししてきた「波動」は、どちらかというと、自分自身に働きかけて、自分のエネルギーを良くして開運するというものでした。それに加えて、風水で家に良い「気」を運ぶことができたら、まさに完璧な開運への道となるのです。

自分の波動を上げようと思うと、けっこう大変だったりしますが、風水のいいところは、比較的、簡単にできるところです。風水は、もともと奥深い教えなので、極めようと思うと大変ですが、簡単にできるものも、たくさんあります。

ここでは、その、簡単にできる風水をご紹介しましょう。

風水の基本は掃除！

風水というのは、「気」と呼ばれるエネルギーの流れを良くすることで開運するという考え方ですが、この「気」の流れが悪くなって、とどこおってしまうと、悪い「気」となってしまいます。ですから、家の中に「気」が、スムーズに流れるようにすることが大切なのです。

そのために必要なことは、**掃除と整理整頓**です。基本的に風水では、汚れていたり、散らかっていたりすると、「気」が悪くなるとされています。ですから、こまめに掃除することで、悪い「気」がとどこおってきても、すぐに良い「気」に変えられます。さらに、整理整頓、特に床に物が散乱していなければ、「気」の流れが良くなります。

実際に、家の掃除をして部屋がきれいになると、気持ちよくなるものです。それは、見た目がきれいになって気持ちよいということもありますが、その場の「気」が良くなったと感じることで、気持ちよいと思うのです。

それでは以下に、家の場所ごとに押さえておきたい、**「カンタン風水」**をご紹介します。

玄関

玄関は、気の入り口と考えられ、外の良い気を取り入れることで、家の開運にもつながります。ですから、玄関を風水的に良くしておくことは、とても大切です。

＊たたきは、きれいに水拭き

たたきは、靴を脱いで置いておくところですが、ここは、靴が持ってきた悪い気が溜まるところなので、週に1回くらい、水拭きしておくといいでしょう。そして、たたきに置いておく靴は2足くらいにしておいて、常に整理整頓しておくことが大切です。たたきに靴をたくさん置いている人がいますが、そういう靴は靴箱に戻しておくか、少なくとも、ごちゃごちゃと置かないようにしましょう。

＊鏡と観葉植物を置くといい

観葉植物は、悪い気を良くするという力があると言われているので、玄関に置いておくといいでしょう。

そして、鏡は、玄関に入ってきた良い気を増幅してくれると言われています。玄関から入って右側に置くと、地位や名声が得られると言われ、左側に置くと、金運アップにつながると言われています。

鏡の形は、どんなものでも問題ありませんが、玄関に入って真正面に鏡を置くと、入ってきた良い気を跳ね返してしまうと言われているので、注意しましょう。

＊ゴルフバッグは置かないほうがいい

ゴルフバッグやスケートボードなどのレジャー用品を玄関に置いておくと、仕事に行く前に見ることになり、仕事への集中力がなくなり、仕事運が悪くなると言われています。なので、レジャー用品は、玄関に置いておくのではなく、見えない場所に保管しておきましょう。

＊傘は陰のエネルギー？

雨粒が陰の要素を含むため、傘は、陰のエネルギーを発しやすいと言われています。ですから、濡れた傘はそのまま玄関に置いておかず、傘立てを置くのであれば、玄関の外に置いておくことをお勧めします。そして、傘立てに多くの傘を入れるとか、壊れた傘をそのまま入れておくのも、やめましょう。

台所

台所は、金運と健康運を左右する、とても重要な場所と考えられています。ですから、台所がきれいに掃除されていないと、金運と健康運を下げてしまいます。特に、金運はとても強いエネルギーを持つので、金運を下げると、他の運勢にも影響してしまいます。

＊シンクは「水の気」

シンク（流し台）が汚れていると、「水の気」が乱れて、精神が不安定になったり、金運が下がったりします。そうならないように、汚れた食器はすぐに洗うとか、水垢もきれいに掃除しておくなど、不潔にならないように注意しましょう。

＊ガスコンロは「火の気」

ガスコンロが汚れていると、「火の気」が乱れて、健康運が下がったり、金運にも悪影響を与えたりしてしまいます。そうならないように、コンロはもちろん、油が飛んでしまう台所の床なども、きれいに拭き掃除しておきましょう。また、近くに観葉植物を置くのも良いとされています。

＊刃物は見えない場所に保管する

刃物は、「切る」という気を持っています。そのため、包丁やキッチンバサミなどを見えるところに置いておくと、お金や良い人間関係なども「切って」しまうと言われています。ですから、刃物は、見えない場所に保管するように心がけましょう。

トイレ

トイレは、金運と健康運に関係していて、家の中でいちばん悪い気が集まる場所だと言われています。ですから、トイレをきれいに掃除しておくことが、とても重要です。

＊トイレットペーパーは収納しておく

紙は、悪い気を吸ってしまうので、取り換え用のトイレットペーパーは外に置いておかずに、きちんと収納しておきましょう。そして、トイレの床も、悪い気が溜まってしまうので、本や物をあまり置かないようにしておきましょう。

＊トイレの換気をしておこう

トイレは、邪気と陰の気が発生しやすい場所です。換気をきちんとすることで、トイレに溜まった邪気や陰の気が、他の部屋などに広がらないようにできます。窓がある場合は、窓を少しあけるとか、窓がない場合は、常に換気扇をつけておきましょう。

＊便器がピカピカで美人になれる？

便器は、汚れていると、悪い気がどんどん発生してきます。そうなると、健康運や美容運がどんどん下がります。なので、トイレの便器は、こまめにきれいにしておきましょう。そうすることで、健康運と美容運が上がるのです。

＊便器のフタは閉じておこう

便器のフタを開けっぱなしにしておくと、便器から悪い気が発生し、トイレだけでなく、家全体にまで広がってしまい、家の運気を下げてしまいます。便器のフタは、使用後、必ず閉めるように心がけましょう。

このように、風水は、気の流れを良くするだけではなく、気を良くして、さまざまな運気を上げてくれます。そして、結果的に自分のエネルギーを強くして、直観ミラクルを起こしやすくしてくれるのです。ここで紹介した風水は、比較的簡単にできることばかりなので、ぜひ今日から試してみてください。

朝30分のゴールデンタイムで開運

Sense of Miracles 1

朝、目が覚めて、まだ完全に頭が起きていない状態の時に、僕には映像が見えることがあります。その映像とは、自分が過去世で暮らしていた家や、自分のチャクラのエネルギーなどです。これがどういうことかというと、まず、過去世が見えるということは、目覚めてすぐの、半分寝ているような状態の時には、私たちは、潜在意識の中に保管されている過去世の情報にアクセスすることができるということです。

潜在意識というのは、フロイトという精神科医が発見した概念で、人間は、顕在意識と潜在意識でできているというものです。この2つの意識を分かりやすく説明するために、よく使われる例が、海に浮かぶ氷山です。皆さんも、この説明を聞いたことがあるのではないでしょうか。

この時、水面から出て見えている氷山が顕在意識で、水面より下に沈んでいる氷山が潜在意識。その割合は、見えている顕在意識は1割ぐらいで、沈んでいる潜在意識は9割ぐらいと言われています。

顕在意識とは、自分で考えて行動することで、全てのプロセスを掌握している意識です。例えば、アンパンがどうしても食べたくなり、買ってきて家で食べる、というような行動は、自分が「どうして・何を・どうしたいか」ということを、意識しながら行動しています。

もう一方の潜在意識は、自覚することなく行動する時の意識です。これは、一言でいうと「無意識」と呼ばれる部分ですが、そこにも何らかの意味があり、自覚することを制限されている部分の意識なのです。そして、実はこの潜在意識が、私たちの人生を変えていく上で、とても大きな力を持つと言われています。

この考えを広めていったのは、ジョセフ・マーフィーという思想家で、彼は「潜在意識を操作することで、自分や周りの人も成功・幸福へと導くことができる」という考え方を提唱しました。彼がこの考えにたどり着いた理由は、彼が若かったころ、悪性腫瘍（ガン）を患《わずら》った時に、潜在意識に「私は治る。私は治る」と働きかけたことで、病気を完治したという経験をしたからです。彼は、自分の身をもって、潜在意識に働きかけることの重要さを体験したのです。

僕の理解では、この潜在意識は、魂と呼ばれる部分の意識なのだと思います。魂は、私たちの過去世を含む全ての情報を持っていて、私たちが人生を作るために必要とするエネルギーを放っています。ですから、潜在意識の持つパワーというのは、とてつもなく大きなもので、ある意味、宇宙とも関わっており、どんなことでも達成することができるのだと思います。

では、どうして潜在意識は、無意識の状態で存在するのでしょうか？

それは、私たちがこの世に生まれる目的が、肉体を通してさまざまな経験をするためだからです。その経験とは、良いこと・悪いこと・嬉しいこと・悲しいこと・不便なことなど、魂だけでは感じられない領域のものです。

私たちが人間として生きていく上では、魂が持っている情報を知らないほうがいい、ということがたくさんあります。

例えば、生まれる前に守護霊と話し合って決めてきた人生の目的だとか、過去世で関わった人との今世に持ち越しているカルマなど、人生をリセットしてやり直している私たちには、これらは知らないほうがいい情報なのです。

そして、この、知らないほうがいい情報は、生まれてくる時に、全て計画された通り、記憶から消されてしまいます。たまに、前世の記憶が残っている人がいますが、これも実は緻密に計算されていて、その人の人生にとって必要な部分だけが、記憶として残っているのです。

ただ、潜在意識は、私たちの情報を全て保管しているし、私たちの現在と未来を創りだす、偉大なるパワーも持っています。だからこそ、潜在意識に働きかけて未来を変えていくことが可能であり、潜在意識をどう利用するかが、とても大切になるのです。

では、潜在意識とつながり、働きかけるには、どうすればいいのでしょうか？

潜在意識にずっと語り続けるという方法もいいのですが、これでは、潜在意識に強くつながる時もあれば、つながっていない時もあり、その効果にはムラが出てきてしまいます。そこで、意識的に潜在意識（魂）とつながれる方法の中で、一般的に使われるのが瞑想です。

瞑想は、霊性開花する時にとても重要視されるほど、自分の魂とつながるために有効な手段です。瞑想をすることで、外へ向かっている意識を、自分の内側へと向けて、深いところにある魂（潜在意識）とつながることができるのです。

ただ、瞑想をされたことがある人なら分かると思いますが、この、魂とつながるというところまで到達するには、時間や経験が必要ですし、中には、そもそも瞑想が不得意だと感じる人も多くいます。そうなると、なかなか潜在意識とつながれません。

そこで**お勧めしたいのが、目覚め30分間のゴールデンタイムを使うこと**です。

この項の最初にお話ししたように、目覚めてまだ半分寝ている状態は、潜在意識とつながり、潜在意識にある情報を見たりします。ということは、目覚めて30分間のゴールデンタイムは、瞑想しなくても潜在意識とつながっているということです！

筋力トレーニングをした後30分間を、ゴールデンタイムと呼びます。このゴールデンタイムにプロテインを摂取すると、体に最もよい状態でプロテインが吸収され、筋肉もつくという完璧な時間なのですが、目覚めの30分間も、まさに潜在意識とつながり働きかけるのに完璧な時間なのです。では、この目覚めの30分間を、どう過ごせば、潜在意識に効率よく働きかけることができるのでしょうか？　それは、以下の4つのステップになります。

潜在意識に働きかけるための4つのステップ

Sense of Miracles !

①体を目覚めさせない

潜在意識とつながるためには、起きているのか、寝ているのか、はっきりしないというような状態がいいのです。この状態を、ステップ④を終わらせるまで、なんとなくという感じでいいので、続けることが大切です。ですから、起き上がってすぐに顔を洗うとか、ストレッチをするというような、体が完全に起きてしまいそうなことは、しないでください。

②ここちよさを味わう

潜在意識に働きかける前に、「ここちよい」という感覚を味わうことで、潜在意識とのつながりを、さらに強めます。

例えば、大好きなお香をたくとか、大好きなコーヒーを入れて、その香りや味を楽しむとか。これを毎日すると、コーヒーを飲むことで、頭や体が目覚めの30分間モードにしっかり切り替わるし、ここちよい気持ちを持つことで、潜在意識とのつながりがさらに強くなるのです。

③夢ノートを書く

最近、人気のある、「夢ノート」を書いてみましょう。夢ノートとは、自分の叶えたい夢をノートに書くことで、潜在意識に働きかけることです。目覚めの30分間は、潜在意識とつながっているので、この夢ノートを書くのに完璧な時間なのです。

夢は、小さなメモ帳などに、毎日書いてください。書くことで、体や目からも情報が入り、より強く潜在意識に意識づけられます。

そして、毎日8個ぐらいの夢を書くのですが、順序としては、最終的に叶えたい自分の状況から書いて、その状況になるために次に必要なことを、どんどん書いていきましょう。

僕の場合だと、このようになります。

1　幸せいっぱいで暮らしている
2　豊かでお金に困っていない
3　仕事が大成功している
4　よいことが起こりまくる
5　応援する人、応援してくれる人がどんどん出てくる
6　注目され、すごいと思われる
7　仲間がどんどん増えてくる
8　ワクワクがどんどん増えてくる

このように、僕の最終的な夢は、「幸せいっぱいで暮らしている」ことです。そして、そのためには、豊かでお金に困っていない生活が必要で……というようにつながっていきます。このようにして、リストを作成していくのです。

夢リストを作る時の注意点は、こちらです。

＊完了形で書く

未来のことを書くのではなく、すでに叶っているという形で書きましょう。

＊夢を具体的に書かない

ここは、僕も最近気づいて、とても大切だと感じているところです。夢ノートの書き方を調べると、夢を書く時は、なるべく具体的な条件も書くとよい、と書いてあることが多いのですが、あまり細かく書いてしまうと、夢が実現する道を狭めてしまうことになると思います。

例えば、パン職人になって有名になり、多くの人に自分のパンを食べてもらいたい人がいるとします。その時に、「パン職人になり、〇〇店で働く」というように、具体的に書いてしまうと、その〇〇店で働くしか夢を叶える道はないと、自分で他の道を拒絶するような感じになってしまうのです。

宇宙の力というのは、その人の夢を叶えるために、想像もしていなかった奇跡を起こしてくれるものです。なのに、この方法だけでお願いします、というように考えると、宇宙の偉大なる計画を、阻止してしまうことになるのです。

ですから、このパン職人になりたい人の場合は、「パン職人になり、世界中で認められ、愛されるパンを作っている」というように、自分の最終目的をイメージで書けばいいのです。

お金に関しても同じようなことが言えます。ノートに「宝くじに当たって3億円が手に入る」と書いたとします。3億円はかなり大きな規模なので、よい感じがしますが、そのお金が入ってくる方法を、宝くじに当たること、と狭めてしまっているのです。宇宙は、あなたに3億円が必要であれば、奇跡を起こして3億円をあなたのもとに届けます。だから、宝くじに当たるという部分は、書かなくていいのです。まさに、宇宙にゆだねるという感じです。

仕事の目標を立てる時に、具体的な数字や期限をつけることは、とても大切です。ですが、目覚めの30分間で潜在意識に働きかける時だけは、宇宙規模で考えた夢を書くようにしましょう。

④夢を想像して感じる

さあ、リストができたら、それぞれの夢が実現している状況を、想像して感じましょう。

リストの1番である、最終目標から順に、実現している自分を想像していくのです。実現している時の状況や感情など、できる限りリアルに想像しながら、全てのリストを順に見ていくのです。この、夢が叶っている状況を想像して感じることが、潜在意識に情報として植えつけられ、そこから現実の未来が生まれてくるのです。想像する時間は、２分間くらいで十分です。慣れてくると、もっと速くできるようになります。

この朝のゴールデンタイムを使った夢ノートの結果が見えてくるまでには、最低でも数カ月かかります。ですが、始めてからしばらく経つと、少しずつリストの内容に現実が近くなってくるのが分かりますし、人生の流れが変わってくるのを感じられるようになると思います。

人によって多少の誤差はあるでしょうが、僕の場合、この夢ノートを始めてから、１カ月半くらいで、少しずつですが、生活に変化が見え始めました。普通の人でも、３カ月くらいすると、何らかの変化が感じられると思います。

このように、朝目覚めてから30分間のゴールデンタイムをぜひ活用して、潜在意識に働きかけてください。夢ノートに書くリストの内容や順番は、時間が経てば、少しずつ変化するかもしれません。でも、それで大丈夫です。要は、自分が宇宙に味方してもらって、築きたい未来を感じられればいいのです。

直観ミラクルを起こすには、自分の魂（潜在意識）とのつながりをよくしておくことが大切であり、朝目覚めてからの30分間をどのように過ごすかということも、大きな鍵となります。ぜひ、試してみてください。

心の断捨離をして開運

最近、断捨離《だんしゃり》に人気があって、さまざまなところで断捨離という言葉を見るようになりました。断捨離というのは、単に物を捨てるということではなく、その物とつながった自分の考えを、整理して捨てることなのだと思います。現代に生きる私たちは、生活も豊かになり、物があふれる生活ができるようになりましたが、その1つ1つに想いが執着していることがあり、そこが問題なのだと思います。

そして、いま多くの人に必要だと思うのは、「心の断捨離」です。

私たちの社会は、多くの人が関わり、生活はどんどん複雑になってきています。そして、人間関係や仕事によるストレスなど、目に見えない存在に苦しめられている人がたくさんいます。

人間関係や仕事で悩む人は、物が捨てられなくて困る人と同じように、人間関係や仕事に要らない執着を持ち、捨てられないことで困っているように思えます。

人間関係や仕事などで断捨離が必要だと思われるものは、こんなものです。

＊自分を傷つけた親や他人との関係

＊自分がいるべき場所ではないと分かりながら離れられない職場や人間関係

＊自分が持っているトラウマ
＊社会や親が教えてくれた自分を苦しめる常識
＊必要のないプライド
＊他人との比較

このように、私たちは、自分を苦しめているのになかなか手放せないことが山ほどあり、これらは私たちを、どんどん不幸にしていきます。でも、その多くは、自分の心や考え方が変われば、すぐにでも手放して前に進めることばかりなのです。

心の断捨離をする方法は、自分を苦しめることに対する執着に気づいて、自分を苦しめているのは自分だったのだと理解することです。そして、「さよなら」と言って、それらを手放すのです。

人生に迷ったら、まずは心の断捨離をして、生き方を楽にしてみてください。そうすると、心も安定してきますし、自分が必要とすることに集中して、エネルギーを注ぐことができます。これが、自分の幸せにつながるのです。

どうか、あなたも心の断捨離をして、心も体も楽にしてあげましょう。

本書の最後に、僕からのアドバイスです。僕たち霊能者というのは、いろいろなエネルギーを感じて、そのエネルギーを使って実験をしています。例えば、自分の波動を上げるには、どんなことがいいかと考え、とにかく試してみるのです。そうすると、これはいいなとか、あまり効果がないな、など、具体的な理解が深まります。そして、僕の場合は、そういう実験をして分かったことや、感じたことを、カウンセリングや動画などでご紹介しているのです。

もちろん、僕に合うから誰にでも合うというものではありませんが、僕の具体的なやり方や感じ方を聞いていただき、自分なりにアレンジしていくことで、自分のやり方を見つけてもらいたいと思っています。

この本でお話ししてきた、直観ミラクルを起こすという方法は、みんなに共通して起こるものです。ですから、自分には無理だと、最初から諦めてしまうのではなく、自分にも起こるのだと信じながら、やってみてほしいと思います。この、自分を信じるということは、実はとても大切なことなのです。「自分なんて」みたいに思ってしまうと、未来に起こるべき直観ミラクルを全て否定して、現実化させないことになってしまいます。

また、本書で何度も「人生に起こることは、全てが完璧に起こっている」とお話ししてきました。直観で行動してみたけど、うまくいかなかった、ということもたくさんあります。でもそれは、自分が間違っているのではなく、宇宙が求めている未来が別の形であるため、物ごとが前に進まないだけなのです。

例えば、僕は話すことに慣れているため、ナレーションの仕事に応募しますが、ことごとく落ちてしまいます。最初はショックでしたが、それは、自分がこれからやるべきことが、ナレーションではなく、声や話し方を活かした何か別のことなので、わざとナレーションの仕事には進まないように仕組まれているのです。

だからといって、ナレーションをしてみたいという気持ちは残ったままなので、将来、想像もしなかったところから、ナレーションの仕事が舞い込んでくるのではないかと思っています。このように人生は、将来、何が起こるか分からないし、そこが面白いのです。

僕は、これからもさまざまな形で、霊能者として得たメッセージや、幸せになる方法などを、皆さんに伝えていきたいと思います。この本を手に取っていただいたのも、何かの必然だと思います。人生に迷ったり悩んだりした時は、ぜひ、僕の発信に耳を傾けてみてください。これからも応援、よろしくお願いします。

Akira's Summary

あなたの中にあるポジティブなエネルギーを強くして、直観ミラクルを起こしやすくするための開運テクニック

- 波動を上げよう
- 言霊のパワーを意識しよう
- 念の持つ力に注意しよう
- 自然からのエネルギーをもらおう
- 波動の高い人と触れ合おう
- あなたのエネルギーを吸い取るバンパイア（吸血鬼）に気をつけよう
- チャクラが持つ色のエネルギーを普段の生活に取り入れてみよう
- 「カンタン風水」で気の流れをよくしよう
- 朝30分のゴールデンタイムを活用しよう
- 潜在意識に働きかけてみよう
- 「夢ノート」を書いてみよう
- 心の断捨離をしてみよう

おわりに

最後まで読んでいただき、ありがとうございます。

2020年、勤めていた会社をコロナで突然解雇された時は、ほんと、目の前が真っ暗になるような感じでした。将来のことを考えると不安になるし、できることなら夢であってほしいと、何回も自分のほっぺをつねって確かめていたほどです（笑）。

そんな僕が、大きく変われたのは、直観ミラクルのおかげです。

本音を言うと、最初は焦った気持ちから、とにかく何でもやってみようと行動し始めました。でも、そうやって必死に考えて行動していると、どんどん直観ミラクルが起こってきたのです。

直観ミラクルで、僕の世界は大きく変わりました。

直観ミラクルが起こる時は、人生が大きく変わるタイミングなので、去っていくものも多くあります。でも、それ以上に、大切なものが引き寄せられてきます。僕にとって、直観ミラクルで得た、人との出会いは宝ものです。

YouTubeなどを通して、たくさんの方と出会うことができ、僕の子供のころからの夢であった、「世界中の人と友だちになりたい」という願いが、少しずつ現実になってきているような気がします。

YouTubeのチャンネル名を**「Akiraの世界を元気にするスピリチュアルな部屋」**としたように、これからも多くの人と出会い、一緒に、元気に、楽しんでいけたらいいなあと思っています。元気が欲しい、と思ったら、ぜひ遊びに来てください！

この本の出版にあたり、ハート出版さんには、感謝の気持ちでいっぱいです。

実は、ハート出版さんの創立記念日が8月10日で、僕の誕生日と同じ日なのです。この話を聞いた時、これは直観ミラクルなのだと確信しました。ほんと、人生に起こるミラクルは面白いですね。

最後にもういちど。直観ミラクルは、次の4つのことを実践すれば誰にでも起こります。

①人生の見直し（この世に生まれた意味を知る）
②自分の魂と深くつながる
③直観ミラクルで得たメッセージで行動する
④直観ミラクルを加速させるために自分のエネルギーをパワーアップする

人生に問題が起こった時は、自分には無理だと諦めてしまうのではなく、自分の人生にはどんなミラクルがやってくるのだろうかと、ワクワクしながら行動してみてください。

そうすると、**あなたの人生に直観ミラクルが起こり始めます！**

それでは、皆さんの人生に直観ミラクルが起こり、幸せになれることを祈って、

ラブ注入〜！　届いたかな？

AKIRA

◇著者◇
鹿島 晃（かしま・あきら）

ミディアム（霊能者）、ヒーラー。

スピリチュアル・ユーチューバー。ＬＧＢＴＱ専門カウンセラー。

1969年、大阪生まれ。米国系の航空会社で、長らく国際線の客室乗務員として勤務していたが、新型コロナウイルスによる業績悪化で解雇。その後は、スピリチュアルな世界での活動に軸足を移し、YouTubeによる動画配信を開始。以降も、さまざまなＳＮＳを駆使して「世界を元気にする」活動を続けている。みずからゲイであることをカミングアウトし、その体験を基に、ＬＧＢＴＱを専門とするカウンセラーとしても活躍中。スピリチュアル・カウンセラーとしての経歴は長く、守護霊リーディングを中心に、これまで1000人を超える人々に、癒しのメッセージを伝えてきた。現在も、2009年に開設された自身のサロン「マイルストーン」にて、リーディングとヒーリングをおこなっている。著書に『守護霊リーディング』（ハート出版）がある。

http://www.akirakashima.com/

直観ミラクル！

令和３年８月10日　　第１刷発行

著　者　　鹿島 晃
発行者　　日高裕明
発　行　　株式会社ハート出版

〒171-0014 東京都豊島区池袋3-9-23
TEL03-3590-6077　FAX03-3590-6078
ハート出版ホームページ　http://www.810.co.jp

ISBN978-4-8024-0125-8　印刷・製本 中央精版印刷株式会社

守護霊リーディング

〈たましい〉のメッセージから見えてくる
日常生活にスピリチュアルを生かすヒント

あなたの守護霊と“つながる”方法、教えます！

鹿島晃 著
ISBN978-4-8024-0033-6　本体1500円

〈からだ〉の声を聞きなさい【増補改訂版】

あなたの中のスピリチュアルな友人

本国カナダで数々のベストセラー記録を塗りかえた
名著が、刊行25周年を期に待望のリニューアル！

リズ・ブルボー 著　浅岡夢二 訳
ISBN978-4-89295-919-6　本体1800円

ひっそりとスピリチュアルしています【新装版】

え!? 意外！神仏はこんな人が好き。
不思議な世界の仕組みが、スッキリ分かる本。

桜井識子 著
ISBN978-4-8024-0089-3　本体1600円

うちのスピ娘のパワーがちょっとすごくって…

すべて実話のコミック・エッセイ。ひょんなことから
6歳の娘が、神様とお話しできるようになり——

いろはママ 著
ISBN978-4-8024-0078-7　本体1200円